# Tear africano

Contos afrodescendentes

Dados Internacionais de Catalogação na Publicação (CIP)
(Câmara Brasileira do Livro, SP, Brasil)

Cunha Junior, Henrique
  Tear africano : contos afrodescendentes / Henrique Cunha
Junior. 3. ed. – São Paulo : Selo Negro, 2016.

ISBN 978-85-87478-12-2

1. Contos brasileiros. I. Título: Contos afrodescendentes.

04-4182                                                CDD-869.93

Índices para catálogo sistemático:
1. Contos : literatura brasileira                       869.93

Compre em lugar de fotocopiar.
Cada real que você dá por um livro recompensa seus autores
e os convida a produzir mais sobre o tema;
incentiva seus editores a encomendar, traduzir e publicar outras
obras sobre o assunto;
e paga aos livreiros por estocar e levar até você livros
para a sua informação e o seu entretenimento.
Cada real que você dá pela fotocópia não autorizada de um livro
financia o crime
e ajuda a matar a produção intelectual de seu país.

# Tear africano

## Contos afrodescendentes

Henrique Cunha Junior

TEAR AFRICANO
*Contos afrodescendentes*
Copyright © 2004 by Henrique Cunha Junior
Direitos desta edição reservados por Summus Editorial

Capa: **Mbiya Kalengele e Taynar de Cássia**
Editoração eletrônica: **Acqua Estúdio Gráfico**
Fotolitos: **Join Bureau**
Impressão: **Meta Solutions**

### Selo Negro Edições
Departamento editorial
Rua Itapicuru, 613 – 7º andar
05006-000 – São Paulo – SP
Fone: (11) 3872-3322
Fax: (11) 3872-7476
http://www.selonegro.com.br
e-mail: selonegro@selonegro.com.br

Atendimento ao consumidor:
Summus Editorial
Fone: (11) 3865-9890

Vendas por atacado
Fone: (11) 3873-8638
Fax: (11) 3872-7476
e-mail: vendas@summus.com.br

Impresso no Brasil

# Sumário

*Palavras introdutórias* .......................................................... 7

1. Tear africano: tecendo o pano, desfiando a vida ....... 11
2. O morro dos pretos ...................................................... 15
3. O escravizado que tocava piano ................................. 35
4. As gameleiras ................................................................ 41
5. Bate-boca deselegante ................................................. 53
6. Couro de gato ............................................................... 57
7. Sonata para uma noite de chuva de verão ............... 65
8. O olho azul do cachorro .............................................. 81
9. A morte do cachorro louco ......................................... 87
10. A roda Bantu ............................................................... 93
11. Ver vendo ................................................................... 97

# Palavras introdutórias

*Tear africano* é um livro de contos, em sua maioria baseados em fatos reais colhidos das vivências históricas de um povo, emigrante forçado do Continente Africano e migrante na sociedade brasileira. A África e a cultura africana funcionam como ponto de partida, como eixo norteador de uma identidade cultural e política. Identidade em que seres comuns seguem reivindicando o direito de ser comuns, criando quilombos, associações, irmandades, terreiros e movimentos negros. Intelectuais de todos os matizes e de todas as artes, da engenharia à filosofia. Observo-os como parte de mim mesmo e recolho do real as experiências. Reflito sobre elas e as estampo em metáforas da narrativa de um contador de casos, de histórias, de fatos, do fazer lembrar como traço da nossa existência e das nossas persistências.

O livro perfaz um ciclo de vida meu. São contos escritos durante um longo período e eu não voltaria a fazê-los da mesma forma. São o resultado do que se salvou de um incêndio em casa, do que se perdeu em diversas mudanças, do que encontrei num mundo de papéis que tenho guardados. Fazem parte dos estudos, das reflexões, do constante hábito de pensar a realidade brasileira do ponto de vista da nossa particularidade identitária.

Considero este livro apenas uma malha do tecido africano que constitui parcela significativa da história e da cultura nacional. Este país é uma imensa conseqüência de sucessivas vagas de imigrações africanas. Os primeiros tecidos feitos nesta terra saíram de teares africanos, de africanas tecendo o pano. A ignorância e a arrogância dos que nos desconhecem sempre nos fez aparecer na História como seres nus, vindos de supostas tribos de homens nus. Meus textos protestam contra esse descaso da ignorância, e insistem na persistência da dignidade humana, dignidade que representamos e constantemente propomos para a sociedade brasileira como forma civilizada e civilizadora. A bagagem africana tem saberes vários, tecnologias, medicina, propostas políticas, bagagem que o Brasil se especializou em desconhecer e cuja dimensão não ousa imaginar. *Tear africano* é um chamado a essa imaginação. Trabalha contra a corrente que nega africanos e descendentes de africanos como construtores inteligentes de uma cultura.

Considero ter nascido em berço esplêndido. De família pobre, porém digna, sou um afortunado por ter mãe e pai conscientes das nossas africanidades. Tive um teto, comida todos os dias e educação. Não sofri humilhações, e, quando a sociedade tentou, sempre tive proteção da família, dos amigos, das nossas histórias, do nosso jeito de poder viver. Nasci em meio a conhecedores da identidade cultural. Sou produto de um movimento negro que desfilava todos os dias na minha casa, que persistia na família desde os meus avós – que produzia protestos, poesias, declamações e falava sempre de nós. Aprendi que a grandeza de cada um é a grandeza coletiva da comunidade. E a pequenez também. Que onde há fome e racismo não existe igualdade e dignidade humana, muito menos justiça.

Minha mãe, pedagoga e pedagógica, me chamava de "meu negro preto lindo". Fora de casa, no mundo, não importou o que as convivências ásperas tentaram me dizer: estas frases da infância sempre falaram mais forte. Meu pai inúmeras vezes repetia as mesmas histórias nossas, histórias de líderes negros como Quintino de Lacerda, Luiz Gama e Vicente Ferreira. Elas me ensinaram que as trajetórias seriam sempre difíceis, mas que derrotados são aqueles que desistem dos seus ideais, que deixam de sonhar seus sonhos.

A educação de base africana é um exercício de contar histórias e provérbios, de aprender trabalhando e de se permitir reconhecer a sua sociedade. As danças, os cânticos, as músicas e os ritmos são as formas de repetir essas histórias. Na minha educação faltaram as danças e os cânticos, mas a memória coletiva proporcionou muitas e muitas histórias. Histórias que produziram uma ampla pedagogia de reflexão sobre a dignidade humana, sobre a persistência e sobre a insistência em torno de pequeno projeto de vida: ser feliz, ser consciente de si, participar do coletivo.

A Associação Cultural do Negro de São Paulo e o Círculo Paulista de Orquidófilos foram ambientes marcantes em minha vida. Na Associação as pessoas desenvolviam árduos esforços para manter uma vida cultural e representar a presença negra em São Paulo. Tinham uma missão, trabalhavam essa missão como parte da sua vida. Já no quintal de casa, nós tínhamos mais de 600 orquídeas, cuja paciência no cultivo ilustra como a espera de resultados se constrói com trabalho cotidiano. Para se ter uma flor, o vaso necessita de cuidado pelo menos por um ano. Então a beleza da flor premia os olhos e os ambientes. Outro passo foi o Grupo Escolar Marechal Floriano, onde minha mãe era professora e onde eu estudei. As responsabilidades sociais faziam que minha mãe trouxesse os alunos da favela para aulas em nossa casa. Com isso ela os capacitava a acompanhar os pontos do ensino no mesmo patamar dos alunos da classe média. Fazia que as crianças da favela da Vila Mariana fossem dignas da responsabilidade de serem ensinadas como as outras, mesmo que isso exigisse mais horas de trabalho de minha mãe. Fica a lição não apenas para mim, mas para que o Estado brasileiro compreenda como se constroem igualdades.

Com tudo isso, eu só poderia escrever *Tear africano*, pois sempre se fabricou pano, e cumpre hoje continuarmos fabricando. Num momento crucial a sabedoria mais uma vez cruzou meu caminho. Disse apenas que os cães ladram e a caravana passa. Que na chegada da caravana somente o alarido dos cães raivosos domina o ambiente, e que a visão dos dentes afiados, ameaçadores, faz se acercar o medo. O alarido é assistido e ouvido. Mas breve volta o silêncio, a caravana se afasta na distância e os cães ficam com suas moscas a perturbá-los. Os cães não sabem de onde os membros da caravana vêm, muito menos para onde podem ir. Estão limitados ao espaço do latir. Os cães ladram e a caravana passa. Permaneça na caravana e não se importe com o alarido dos cães. Talvez seja por isso que escrevi *Tear africano*: para ser mais um membro da caravana, do tempo e do espaço.

*O autor*

# Tear africano: tecendo o pano, desfiando a vida

Os lugares antigos são antigos. Parecem insólitos. Adquirem a tonalidade de misteriosos. Testemunham o espaço e o tempo. Qual pleonasmo, o tempo e o tempo, o espaço e o espaço, sim, o espaço e o tempo. Rodam as crianças no pátio de mãos dadas, rodam forte e mais forte, numa algazarra alegre. Rodam e rodam cantando em vozes vivas e novas as antigas canções deste espaço e deste tempo, o tempo da persistência. Rodam como a roda, redonda como o pátio, imitando a roda alegre do tempo. De súbito, ao longe e mesmo ali, flui vigoroso e suave o vento. Sai rodando em rodas sucessivas do tempo, no espaço do vento. Competindo com o tempo, faz-se antigo como o espaço invadido pela memória do vento. Misterioso como é misterioso o vento, tornando-se amplo como o espaço. Arrasta-se em voltas de um enorme ruído, redesenhando o espaço em poeira. Da poeira na forma de roda, empoeirando a todos rodando no vento. Aí, começa a nossa história do vento, do tempo, da poeira que vira vento, do vento que traz a poeira do tempo. Tem que lançar o fio e correr o percurso, no ponto certo, no tempo exato. Tem que saber fazendo, fazer sabendo fazer, sabendo o que está fazendo. Compreendendo de onde sai o mistério e para onde vai o conhecimento. É assim a nossa história.

Eu estava perdido neste deserto de casas e multidões, nesta ou em qualquer outra metrópole. Sem direção, sem sentido, sem o fio corrido, sem um desenho conhecido para ser seguido, sem um ritmo do fio a ser perseguido. Estava perdido. Sumido na imensidão de quem não sabe onde está e corre para o desespero. De quem se orienta pela aflição e volta a se perder agarrado ao nervoso da incerteza. Sim. Sem objeções, perdido. O moderno é rápido, descartável, estruturado na flexível matéria plástica, sem tempo para o conhecimento passado, sem espaço para o pensado. Na lógica do rápido descartável o ser é mutável e quase inútil. O amigo é trapo caro e traço raro, testemunho da impotência de se estabelecer relações do humano. A árvore, o parque, o campinho, o terreiro, nada conta. Não é comerciável nem alienante vendável, transborda a lógica comercial, não cabe na frase lida no grande minuto da imagem da televisão. Tudo tem que ter o comprimento de um minuto, senão demora muito, devora a imaginação. Compra-se a morte, a violência e o racismo. Redundante violência pelo vídeo, numa risada insólita de consumo alegre e fugas da loira falante inculta, mas televisiva. Eis o vento na imensidão do espaço dando voltas no tempo. Eternizando a imagem repetida da história dos antigos. Bailando o rodamoinho inimaginável, dando voltas revoltas simulando e assemelhando o impossível, o impassível, a imensidão do diminuto tempo e espaço. Do rápido ao vagaroso, as agitações da lentidão permitem delinear e depois ver as figuras: o quadro, a cena que por completo se encena na poeira que se acaba. Uma imagem doce e singela. De um negrume lindo e luminoso. A mulher tecendo ao tear, meninas com flores na cabeça. Os olhos avançam para o centro da memória, de onde tiramos os esquecimentos da nossa existência, e a vista sozinha avança na autonomia daquele espaço e daquele tempo.

De súbito o corpo recua, tem um instante de revés e realidade, o corpo olha em torno para rever se não está sendo observado: transgrediu a regra desta democracia de espaços e tempos sufocantes, das dimensões onde proibido é sonhar-se negro. Mas eu não sonhava apenas, também vivia, transgredia, vencia os medos dos outros que se diluem na censura, abraçava fortemente os nossos sonhos. Viajávamos altivos nesta realidade, tão perto e quase inacessível. Mesmo que num deslize inconsciente de consciência visualize o africano, não haverá espaço para pensar, nem tempo de vida devido à pressa em ficar sentado assistindo ao nada que tem tudo a ser consumido. Os castelos de areia dentro das vitrines custam a vida e prenunciam a morte, encerram o desejo de ter parte da ilusão de ter.

Da solidão, o vento transforma decisão em multidão. Não importa deixar ir com os ventos aquela poética realidade sorridente. Ficam para trás, continuam no constante, querendo nos agarrar Entre o reflexo da luz, da surpresa e do desejo, entre o instante e a fresta, viu-se por onde passa o fio. Viu-se, repetiu-se e aprendeu-se por onde passa o fio da trama, o fio que tece, que forma o pano. É Pano da Costa, não existe por que estar perdido. Entendeu-se que o mistério é o tempo. Para aqueles que não tiveram o tempo de ler nos conhecimentos de antigamente o fio não passa, e espaço não representa tempo. Há um sorriso brilhante de uma mulher africana no tempo, a todo tempo e em todos espaços de tempo. Sorriso de um novo tempo. Prenúncio da felicidade que chega e de que não nos damos conta, porque vivemos na fartura e na abundância. Chove forte regando a plantação e não precisamos esmolar de cuia a gota de água que o céu não deu.

# O morro dos pretos

## Olhando em torno do morro

Ao longe se divisa, atrás de imenso canavial, uma elevação de verde mais escuro, mais exuberante, de onde muitas lendas e muitas histórias vieram povoar o folclore local. São arrastos de correntes na noite, sinal de escravos de almas penadas; são sacis e pretos velhos, tudo que transforma a elevação em lugar proibido para os caboclos da região. Local que faz viajantes mais crédulos rodear léguas e deixar o atalho para evitar maus espíritos. Lendas ou verdades, a elevação é suavemente majestosa sobre a paisagem, como quem governa a passagem da mata para o sertão, como quem transmite força vital aos que vão e voltam.

Morro dos Pretos, citação muito comum por este Brasil afora, local dos quilombos para lutar contra a escravidão, local onde se cultivaram roças e se produziram alimentos para trabalhadores de outras lavouras depois da abolição. Paisagem sempre dominante, refúgio onde o isolamento permitiu uma sobrevivência melhor. Mas os tempos passaram, os distantes morros dos pretos se tornaram terras cobiçadas, terras valorizadas, para onde o poder local vai querer estender sua fazenda, onde o senhor de escravos moderno, coronel ou doutor, às vezes excelência ou deputado, vai impor o seu domínio.

– Geraldo, vem cá!

– Por que aqueles pretos não estão mais trabalhando? O trabalho já tá demais atrasado!

– Não sei não, seu doutor!

O patrão olha para o pátio onde fardos de cana são carregados para a moenda, olha, faz uma pausa, uma reflexão.

Diante da usina chegam e saem transportes de cana, uns cheios até a boca, e vão deixando fuligem preta e os corpos mais pretos ainda a carregar a carga para a moenda.

– Como não sabe, homem, tenho ficado de olho em vocês. Tão todo dia como unha e carne a conversar e agora diz que não sabe? Vai, desembucha, antes que eu perca a paciência e te arranque a língua, desgraçado!

– Eu não sei não, seu doutor. Não sei mesmo. Juro que não sei, pelo meu padrinho Ci...

– Vai, vai saindo, desgraçado. Vai pro inferno com tuas juras. José, José, onde está você, homem?

No minuto seguinte, saindo não sei de onde, suor escorrendo pela testa e afoito, mas firme, o José se apresenta, como se fosse um soldado a seu comandante.

– José, e aqueles pretos que tinha acertado?

– Foram embora. Dizem que o que o doutor paga não dá pro sustento, que esta coisa de trabalho por comida é coisa pra escravo.

– Insolentes! Esses arruaceiros aí que ficam enchendo a cabeça dessa gente com história de direito de trabalho, dá nisto!

– É doutor, as reuniões lá na cidade continuam, não adiantou os avisos que o senhor doutor mais o prefeito deram. Como o doutor pediu eu tenho acompanhado. Nem mesmo a gente tendo derrubado os barracos daqueles que são mais tagarelas a coisa acalmou.

– Este delegado de polícia, José, é um frouxo, tem hora que o homem parece que não está com a gente.

– Doutor, os barracos a gente derruba num dia, eles aparecem de pé no outro. Depois daquele foguetório que eles soltam, se reúnem e põe na mesma hora tudo de novo no lugar.

– Não sei onde isto vai parar não, José. Tempos bons eram os tempos do finado meu pai, quando o coronel era vivo não tinha destas coisas, o governo lá do Rio impunha a autoridade, o país não tava esta bagunça que este gaúcho criou. Bem, chega, pode ir que vou ver o que faço.

Distante dali, na usina de metal que substituiu o engenho, na porta do boteco no centro da pequena cidade, não muito longe do Morro dos Pretos, entre um gole e outro, uma fumada e outra, a conversa passava em revista os fatos do cotidiano.

– Ir lá eu não vou. Já fui, só pra ver. Nós éramos moleques, saímos e fomos pela estrada, aquela do ribeirão. Eu mais meu primo, primo da finada Zita. Daí, quando chegou ali onde o rio tem a cascatinha, saímos da trilha e fomos pelo mato. Chegamos até a roça e a gente via algumas malocas mais pra lá. Não sei como foi, uma coisa me pegou assim aqui por debaixo e me jogou longe. Eu caí, levantei e não vi nada. De repente, estava tudo escuro. O sol sumiu de repente. Eu saí correndo embrenhando pela mata e cheguei aqui na cidade todo cortado e arranhado. Eu não vou lá por nada deste mundo!

– Tá com história. Isto de mandinga não existe. Você tem é medo do escuro!

– Se tô com história por que o cabo não foi buscar o homem lá? Esperou amanhecer e assim mesmo levou todo destacamento e voltou sem o cabra. Voltou dizendo que o homem tinha fugido.

Quebrando a tranqüilidade da cena, interrompendo a longa narrativa, chega um velho e barulhento caminhão. Velho, quase do tempo da guerra, dele desce seu Fabriciano, que cumprimenta os presentes, pede também um copo e se inteira do assunto. Do único assunto daquele dia em todos os quatro cantos da região, único sopro dos ventos da novidade rotineira.

Fabriciano principia a falar:

– Este moreno Josias vai terminar igual ao pai, na ponta da faca dos jagunços de um coronel, mas por que o cabo tá querendo ele agora?

Entre olhares cúmplices, mostram que a pergunta é óbvia e incômoda. Que ela tangencia o tabu de não se falar, pelo menos em aberto, de assunto que desagrade aos coronéis. Por que o cabo haveria de estar atrás do Josias?

Um pouco mais de silêncio, um dos presentes coça a barba malfeita, toma o último gole do copo e já com a mão em direção ao chapéu, num tom de quem vai se indo, diz:

– É, Fabriciano, enquanto ele continuar a chefiar estas reuniões aí, para falar mal dos usineiros, eu não sei não...

Do outro lado da rua o movimento é outro. Reúnem-se aqueles que vão deixar a servidão da cana, ou as amarguras das secas do sertão, para aprenderem a ser operários em São Paulo. São sacos jogados de um lado para outro, carregando os últimos pertences, crianças são muitas, o suficiente. Na esquina, o caminhão de bancos de madeira, teto de lona que os cobrirá até São Paulo. O Eldorado brasileiro, onde existe trabalho e muito dinheiro, segundo dizem.

A partida é triste, não existe euforia, só tristeza, tristeza de fome, tristeza da derrota, tristeza de estar perdendo o chão que é seu e enfrentar dias de estrada num transporte que não é para gente não, mas para gado. Só o dono do caminhão está satisfeito, tem muita gente e dá para cobrar mais.

Os observadores do bar comentam numa rápida mudança de conversa:

– Lá vai a família do Bento. Até ele desistiu. Vendeu a casa e a roça e se vai para São Paulo.
– Que diacho é este de São Paulo que tanta gente vai? Um dia não sobra mais ninguém aqui!

Vagarosamente aproxima-se do caminhão um dos usineiros da região. Vem altivo em cima do seu jipe novo. Jipe que era sinal de progresso, um dos automóveis fabricados no Brasil havia pouco tempo e já marcava uma nova era. Foi parando, parando como quem ia passando e espiando o movimento e resolveu dar o ar de sua autoridade.

De longe, todos observam os gestos do homem, ele faz sinal como quem manda uma família descer do caminhão.

Depressa, rápido e ligeiro a notícia atravessa a rua e vem esclarecer os assistentes. João do banco é o repórter. João, um personagem de fora, passageiro, alguém que sonhava ser funcionário da Sudene e acabou como caixa do Banco do Brasil de uma cidadezinha do interior. Ilustre, devido ao curso ginasial completo. Gente de fora, que não dependia da politicagem local, mas rapidamente aprendeu a respeitá-la e não esbarrar com ela.

João atravessa e joga algumas palavras para o dono do bar.
– Doutor Gilberto fez o pessoal descer. Não queria estar na pele deles não! Iam embora sem pedir autorização. E agora vão comer o pão que o diabo não quis. O doutor Gilberto diz que eles iam sem pagar as dívidas.

Tinham sido empregados nas terras do Gilberto e não aprenderam que ali empregado não pede demissão, o patrão é que o dispensa. Mais ainda, como era de praxe na região, não é patrão que deve ao empregado e sim empregado que deve ao patrão, como se ele pagasse para trabalhar ou pagasse pela sua mísera existência sendo eternamente devedor.

João continua o comentário:
– Não sei se doutor Gilberto tem mais raiva dos caminhões que carregam gente para o Sul ou dos pretos do morro. Um

leva trabalhadores e eleitores, o outro não cede a sua vontade. Ele está bem arranjado!

    Doutor Gilberto é o chefe político destas paragens, onde o Morro dos Pretos está no centro, como único território independente. Doutor, pois estudou medicina no Rio de Janeiro, nunca curou doente, nem receitou remédio. Pôs o canudo debaixo do braço e veio direto cuidar de terra e de gado. Logo substituiu o pai, o falecido coronel, e hoje tem mais prática com arma de fogo que com bisturi. Aprendeu rápido a impor a violência. Embora ande sempre de branco, é o principal coveiro do estado. Dizem que já matou mais que o pai e, olha, o finado coronel nunca poupou chumbo!

## Passagem da Aurora Revolucionária

    É abril, dia 3 ou 4, não sabemos ao certo. O tempo está turvo, acinzentado e paira um ar irrespirável de maus presságios. Bem pouco se pode ver do que acontece lá fora, nem onde estamos pode-se saber. Nem mesmo quantos somos respirando o mesmo ar. Do lado de fora, parece haver um corredor onde, dia e noite, gente trafega. Não há silêncio e apenas volta e meia mais barulho, gritos e mais gritos, depois um pouco mais de silêncio.

    Dias atrás, os jornais do Rio e de São Paulo mostravam tanques na rua. Falava-se de movimento de tropas militares num lugar e noutro, de um novo governo empossado em Brasília e nada mais. A verdade morreu em parte e a intenção real jamais será reconhecida. Pátria, família e liberdade encabeçam um palavreado que prega o fim da anarquia, da corrupção e do comunismo. Fala-se na tomada das armas, por aqueles únicos que sempre as possuíram, para retirar o país da beira do abismo e do caos. País tranqüilo, de tradições pacíficas, de povo ordeiro, país criado debaixo de relho.

*"Seu delegado, sou o tenente Machado e tenho ordens expressas de terminar com todos os focos de guerrilha na região."* Foi assim que a revolução chegou nestas bandas. Quatro homens num velho automóvel,

Quem conta é o velho escrivão da polícia.

*Bem, revolução... eu não sei nada dessas coisas. Aliás, nestes dias nada tinha o nome certo, o nome comum. Foi rápido. Mal chegou o tenente, a delegacia estava cheia de revolucionários. Doutor Gilberto era o chefe da revolução, todos que não concordavam com ele eram anti-revolucionários. Mesmo os Veigas, gente forte e de dinheiro passaram apertado. Era um tal de manda prender, manda pro Recife pra ser interrogado.*

O escrivão, hoje aposentado, vai distribuindo no ar as lembranças do teatro daquela tarde de abril. Tem boa memória, vai pondo os personagens onde eles entram e onde eles saem, com quem contracenam e qual o texto que rezam.

*Não sei de onde saiu uma história de armas vindas de Cuba, e logo tinha gente que até descrevia o desembarque delas nas bandas do pé do morro. Foi aí que o tenente perguntou:*

E, mudando de postura, o escrivão interpreta o tenente:

*"Mas por que não denunciaram isto ao Exército?"*

Tira um trago do cachimbo, dá um sorriso esperto e continua:

*E o vereador, todo atrapalhado, tremeu um pouco e remendou dizendo que ele não sabia antes do que se tratava.*

Outra cachimbada, agora com expressão mais séria:

*Embora soubessem que no dia seguinte chegariam reforços, não havia tempo a perder. Armaram um plano de rápido assalto para aquela noite ao centro dos subversivos e inimigos do povo brasileiro na região, o Morro dos Pretos. A polícia local, os soldados recém-chegados, a jagunçada dos usineiros misturada com alguns puxa-sacos seriam encarregados de executar a tarefa. A reunião preparatória fora inflamada, as ordens eram de destruir tudo, o sabor instigado permitia aproveitar das mulheres. A noite encobria todos os crimes. Deveriam dar o exemplo para nunca ser esquecido. Nesta hora os exaltados lembravam as passagens heróicas da histórica pátria onde os pretos revoltosos de Salvador haviam sido mortos e expostos ao público. Seria hora de repetir a decisão dos grandes homens da Nação. Pediu-se moderação. A Igreja poderia desaprovar uma repressão mais enérgica. Ficou, entretanto, acertado sobre Josias e outros quatro. Esses seriam trazidos vivos para acertar contas passadas.*

Uma pausa. Outro trago no cachimbo, ganhando tempo, firmando a atenção.

*No dia seguinte, os comentários eram muitos e as histórias mais ainda, as lendas revividas e as queixas manifestadas. No posto de saúde, um jagunço de braço enfaixado praguejava: "Se eu não tivesse assim, vocês iam ver! Ia lá hoje junto com o reforço acabar com a raça desses negros. Diabos! Alguém avisou a eles! Não tem outro jeito! Nós subimos o morro e fomos pegos de surpresa, de tocaia, coisa de covarde! Foi um foguetório desse de festa de São João misturado com tiro em cima da gente. Eu não corri. Não sou frouxo, não, mas quando eu vi, estava sozinho. Tinha perdido a espingarda, mas ia enfrentar a cabroada desarmado! Por aqui tem macho..." E ia por aí em diante.*

O escrivão continua, sua fala lenta e arrastada:

*Numa história aqui, noutra ali, num houve isto, noutro aquilo, era fácil saber que os comandados do doutor Gilberto haviam tomado uma coça. O reforço chegou por volta das 12 horas e aí o comando ficou por conta do capitão. A tomada do Morro dos Pretos foi pacífica, o que não quer dizer que não tenha sido violenta. Não houve a menor resistência e as pessoas foram trazidas todas para a frente das casas, deitadas de bruços, mãos na nuca, sem o direito de se mexer.*

Este país de gente pacífica foi continuamente governado pela violência, mas como é preciso viver e sobreviver, a necessidade transforma-se em dura resistência, mesmo submetida e calada, com ares de dominada a resistência, mesmo submetida e calada, com ares de dominada a resistência é como o suor, sempre brota quando existe calor.

*"Onde estão as armas automáticas que os cubanos trouxeram?"*
*Mais gritos do capitão: "Enquanto não disserem onde está o chefe de vocês e as metralhadoras, ninguém sai daqui!"*
*No meio da tarde, no caminho da cidade, não muito distante avistou-se estrada adentro o poeirão da coluna de veículos.*

O escrivão salta de lado a outro, a narrativa se torna verdadeiro teatro, alternando as personagens.

*"Lá vem eles, lá vem o soldado, mãe! Eles prenderam o Josias mais outros."*
*"Cruz-credo! Que desgraceira é esta? Padrinho Cícero que o proteja! Não é possível tanta maldade destes usineiros! Que será de nós aqui sem o Josias? Estes ricos vão beber nosso sangue como garapa de cana."*

*Lamentando e correndo quanto podia, a gorda senhora foi até a casa de um dos compadres próximos. Chegando lá, o lindo rosto tinha perdido o encanto da serenidade habitual. Olhos sobressaltados expressavam a aflição, as lágrimas rolavam lentamente misturando-se com o suor frio que banhava o rosto. Molhada de suor, chegou gritando pelo compadre:*

"*Compadre! Vá até lá e traga a minha comadre e os filhos. Sem o Josias as coisas ficam difíceis e pode ter gente que vai bulir com ela. Diz pra comadre que perto de nós ela não perece não!*"

*No centro, a praça, começaram a se aglomerar espectadores. Sabem como é, a curiosidade passeia rápido, a cavalo, nas notícias desencontradas, e vai ver correndo, sem ver nada, mas só para estar perto do acontecimento. Rapidamente, um cordão de isolamento apareceu em torno da delegacia. Tornou-se uma área de segurança nacional, bastião de defesa daqueles novos interesses nacionais nascidos havia poucos dias.*

O escrivão não pôde nos contar o que se passou lá dentro. Havia sido dispensado, assim como outros funcionários civis, sobrando apenas o delegado destituído da sua habitual autoridade.

*A noite caiu soberana e delicada como sempre, poeticamente negra e esplendorosa, disposta a embalar suavemente o descanso do mundo. Entretanto ninguém deu atenção a ela, a agitação continuou. Dentro da delegacia muito movimento que a distância não era possível acompanhar em detalhe. Quem dormia cedo foi para a cama tarde na expectativa de ver não sei o quê. Pela noite adentro, o povo acabou se dispersando. As luzes da delegacia permaneceram vivas. Os guardas externos foram trocados. O gerador a óleo diesel trabalhou incessantemente, nem mesmo piscar as luzes piscaram, como era o gênero comum, muito menos deixaram tudo às escuras. Tinham ordens expressas de iluminar e iluminar, fazendo parte do esquema de segurança nacional local. As luzes* evitariam um ataque de surpresa das forças guerrilheiras, treinadas em Cuba. Embora o capitão acreditasse que acabara de desbaratar as tropas inimigas, ainda acreditava na existência dessa resistência, não sabemos, mas pelo menos fazia um carnaval como se fosse verdade, sempre.

Silêncio. Expectativa. O escrivão sabe realmente nos prender à história. Aí, mudando de novo o tom da voz:

"Oh, Zé! Isto é hora de chegar em casa? Que foi? Não veio nem para jantar? Você andou bebendo, Zé?"
Já na casa do doutor Gilberto, sua insatisfação não lhe permitiu nem mesmo um trago. "Não estou com fome!", bradou ele antes que lhe perguntassem qualquer coisa. Esfregando a mão nervosa sobre a cabeça, deu uma batida seca sobre a mesa. "Aquele nego safado! Um dia ainda boto a mão nele! Escapou! Escapou e esse capitão aí que não vai atrás, fica fazendo relatório, dando posição da situação pelo rádio e não age! Não agem, estes burocratas da cidade. Aqui não, aqui tem que ter ação! Vou telefonar amanhã para a capital pedindo outro capitão".
"Falando com quem Gilberto? Vem dormir, larga mão de ficar aí, resmungando. Amanhã você cuida destes assuntos. Toma banho e vem dormir."
"Falando com quem, ora, com quem poderia falar? Com você! Lógico! Parece que está ficando cada dia mais dura da cabeça!"

Olha o cachimbo, agora apagado. Toma fôlego e, quase como se refletisse, imitando a si mesmo:

"No sertão, urubu fareja carniça antes de o animal morrer."
"Ééé', tem razão, seu Escrivão. Tá lá o doutor Gilberto que não nos deixa mentir."
"Bom, vou para a delegacia agora que eles se vão, quem sabe dá para trabalhar, isto é, se ainda tem delegado!"

*Viagem sem volta dispensa bagagem, este incômodo volume de pertences que os viajantes prezam em carregar, pelo hábito de carregar. Viagem sem volta é a perda da esperança de rever a terra, é o prenúncio de morte, onde o passado fica esquecido nas lembranças por não haver volta.*
"Os urubus tão aumentando aí, seu Escrivão."
"Urubu come carniça e é muito mais limpo que essa gente aí. Nem defunto esfriou, já estão dividindo os pertences."
Lentamente, a coluna de poucos veículos militares desfilava pela rua principal, indo para nunca mais voltar.
"Vão levando os quatro?"
"Vão sim, vão passar por interrogatório na capital para melhor apurarem os fatos. O que eu não sei é se voltam."
"Ora, que coisa é essa, seu Escrivão? Lógico, vão voltar, são gente trabalhadora e de boa paz. Só brigam quando são importunados, como faz aí o Doutor."
"É, seu Pedro, as coisas não me cheiram bem assim. Tem coisa muito grande no ar com essas transformações políticas."
"As autoridades da capital, não acredito que vão se deixar enganar, podem estar confusas com a situação, mas nos homens de farda eu tenho confiança."
"Tem gente que não vê, outras vêem mas sem enxergar, outros não podem ver. Até logo, seu Pedro!"
"Eh, eh, seu Escrivão, o que você está dizendo? Que eu... Foi-se embora. Deu pressa nele. Não vê? Eu não sou cego. Confiança é confiança. Agora cego, eu não!"

Apesar de não ser setembro, tem desfile, ou melhor, cortejo, quase fúnebre. Apesar de não ser setembro, o capitão vira-se para o palanque de meio metro da calçada e dá continência ao imperador empossado. Imperador pela próxima década, de usineiro a industrial, construtor de estradas, parceiro número um de todos os negócios que esvaziavam os caixas do Estado. Prosperou como nunca a partir deste dia.

— Será que eles voltam? — pergunta um dos assistentes do desfile.
— Olha! Passam como se fossem donos do mundo. Ainda bem que vão deixando a gente em paz, terminou esta história de revistar a casa da gente, de esparramar tudo!
— Este mundo está cheio de donos, pena que os donos não sabem fazer nada, nem para eles e nem para nós sermos felizes.
Uma risada nervosa percorre a boca do anônimo interlocutor. Como se os dentes marcassem uns aos outros, enquanto sorri de raiva.
— Ironia falar de felicidade hoje, bem hoje. Estes donos querem é esticar o couro da gente e deixar secando ao sol, para depois fazerem sapatos e ainda reclamarem que doem os dedos, pois o couro não é bom.
Não é setembro, não é o mesmo mês, nem o mesmo ano e o cortejo sobe a rua na mesma velocidade.
— Vai ter que ser enterrado rapidamente, pois o corpo já está fedendo, o diabo que carregue!
Não é o mesmo bar, pois depois da Copa foi reformado e virou lanchonete. A rua central não tem mais poeira, foi a primeira obra da Construtora Gilberto & Filho.
— Ô seu Escrivão, o jornal aqui diz que o homem morreu de enfarte no quarto de um dos grandes hotéis de Recife.
— História, não mais que história. Esses jornalistas que sobraram hoje são uma safadeza só! Escrevem o que o governador manda. Veja só se tem cabimento. Fiquei sabendo que as matérias vêm prontas do palácio, o jornalista só passa e assina.
— É, escrevem por procuração.
— Jornalista que só sabe falar de mulher e futebol.
— Por falar nisso, veja só se isto é capa de jornal! Eu não posso levar esta sem-vergonhice lá para dentro de casa!
— Mas tá demais, este cidadão não merece as calças que veste!
— Está falando da capa do jornal, seu Escrivão?

– Não. Estou falando do descaramento destes jornalistas. Eles se rasgam em seda, põem tanto elogio ao finado doutor Gilberto. Parece até que ele valia alguma coisa. Morreu no hotel... onde já se viu se zona de pirambeira da beira de estrada merece ser chamada de hotel?
– Mas são verdade estes boato sobre...
– Olha, aí vem o Freitas Matoso!
Silêncio enquanto passava um elegante transeunte, todo de preto. Cruza a calçada, ouve o coro de "Bom-dia, seu Freitas" e é só.
– Já se foi. Pelo visto também vai ao enterro, mas está atrasado. Onde nós estávamos antes de vir aquele infeliz?
– Infeliz mesmo! Quero ver como vai se arrumar sem o tal do Gilberto. Olha! Ele vai indo ali adiante, Freitas...
Cospe no chão em sinal de desdém.
– Onde estávamos?
– Bem, você ia dizendo sobre o boato que foi a morte na zona.
– É isto mesmo. Minha filha Joana telefonou ontem do Recife e disse que lá se comenta que ele morreu numa casa de mulher na beira do estradão.
– É... a vida tem dessas coisas...
Doutor Gilberto saiu da terra em viagem ao Recife para tirar satisfação com deputado sobre um caso dele com a sua mulher. Viajou e não voltou. Mais um que viaja e não volta. Este pelo menos trouxeram ele, porque dos outros que partiram não se teve mais notícias. Dos quatro que naquele dia foram levados, nunca mais se teve notícia. Em nenhum lugar figura registro de prisão, era como se nunca tivessem partido. A história deles ninguém sabe, somente o capitão contou em confidências algumas passagens. Confidências com desabafo, nos momentos de desespero. Dizia ele meio embriagado:
– Não agüento mais, faz dias, meses, anos que não consigo dormir. Mal prego os olhos e começo a ouvir gritos e gemi-

dos. Tenho a impressão de que se voltam contra mim e vêm furtar meus olhos.

O capitão também viajou e não voltou. Foi encontrado morto com suposta amante dentro de um carro, próximo à praia deserta.

– Vocês mataram ele, vocês mataram meu marido, vocês são assassinos, ele bem que dizia que vocês eram assassinos e ele não tinha jeito de fugir de vocês.

Este era o lamento da viúva no cemitério, em relação aos colegas de trabalho do capitão.

– Ele sabia demais e por isso vocês mataram ele. Não foi assalto, nem nada de amante e vingança de marido! Foram vocês!
– Ela está muito nervosa, vamos levá-la para casa.
– Não. Tira a mão de mim, vocês vão sumir comigo também!

O capitão dizia, dias antes da sua viagem:

*Tudo começou com aqueles quatro pretos que eu trouxe. Queria um bom serviço, pois daí vinham pontos na folha de promoção. Tempo de guerra é melhor época para herói virar general.*

Respirava fundo, olhava para um lado e para o outro à cata de sombras na noite e continuava a falar perdidamente:

*Um deles parecia ser o chefe, mandei dar duro nele. Um dia fui chamado para descer no porão. Chegando lá, o quadro era terrível: o preto todo cheio de sangue pendurado de pernas pro ar. Lúcido, apenas os olhos acompanhavam em silêncio os movimentos. Quis ir embora. No canto, dois companheiros seguravam o alemão. Este, vermelho de raiva, falava com muito ódio: "Este preto cuspiu na minha cara. Eu vou matar ele!"*

*Ordenei para tirar o alemão dali e arrear o indivíduo. Quando ele caiu no chão, começou a gritar e se contorcer de dor. É assim mesmo, o sangue fica preso e quando circula direito provoca cho-*

*ques e dores fortes. Já vi muita gente dura que nesta hora dá o serviço.*

O capitão esfrega o rosto, procurando limpar a memória e ver como continua a contar seu tormento.

*Parecia horrível, eu fiquei paralisado até que uma voz perguntou: "Como é capitão, continuamos o show ou não? O homem ainda não falou onde puseram as armas!"*
*Fiquei um pouco distante sentado na outra mesa e mandei o rapaz perguntar se ele sabia alguma coisa de armas.*
*"Não, não sei não! Por que você, preto como eu, lascado da vida, está aí ajudando essa gente? O capitão é branco. Ele vai ser general. E você?"*

O capitão conta que o torturador ficou meio atônito, não esperava tamanha força de alguém que devia estar nas últimas. Nesse momento, os olhos do torturado torturavam o torturador.

*Depois de uns dias me chamaram novamente.*
*"Seu capitão, o homem morreu! O alemão mandou deixar ele três dias no barril de merda e ele morreu lá dentro!"*
*Desci a passos largos, três ou quatro saltos na escada, mais um pouco de corredor e pronto: o cheiro insuportável da fermentação.*
*"Este preto cuspiu na minha cara", o alemão repetia doentiamente, passando a mão no rosto, como quem limpa o cuspe que ainda queimava.*
*"Cuspiu na minha cara, capitão, mereceu ficar aí. Mas tinha que morrer? Fez isto de propósito. Agora, além de termos que tirar ele daí, ainda resta dar um fim no corpo!"*

Gilberto aproveitou os dias de glória e os anos sucessivos para fazer uma limpeza em todos que pudessem dividir o poder com ele. Mesmo no irmão, que partilhava dos prósperos negócios, ele deu um jeito: mandou-o para um cargo importante em Brasília.

Na capital, o governador – que a rigor deveria se chamar interventor, tudo porém passou a funcionar com nomes trocados – era governado, fazia parte do círculo de caras amizades de Gilberto. Tão caras que a mulher dele tinha um caso com o governador. Gilberto, mesmo apelidado de corno maior do estado, fazia vista grossa, sobretudo porque nas visitas à capital estadual e à capital federal, ela habilidosamente resolvia problemas e negócios que o próprio Gilberto encontrava dificuldades em solucionar.

O filho, porém, era outra coisa: de regresso dos estudos, encabeçou a prefeitura e os negócios de construção civil. Era o orgulho do pai.

Lembranças de outro cortejo tempos atrás.

*"Nunca vi tanta gente importante nesta cidade!"*
*"É, o enterro é dos grandes."*
*"Muito grande, talvez o maior! Olha só do que nós nos livramos!"*
*"Só pode ser macumba do Toninho, só pode ser, não há outra explicação."*
*"E você acredita nestas coisas? Bobagem, se isto existisse, já teria acontecido há mais tempo."*
*"Não sei, Aprigio. Acho que a dona Cida tem razão. Como é que pode alguém morrer sem nenhuma razão, daquele jeito ainda, com aquele galho de árvore fincado no peito?"*
*"Cruz-credo, isto me dá arrepios, eu não mexo com estas coisas e nem com essa gente. Nossa Senhora que me proteja!"*
*"É estranho, não tem muito como explicar o acidente."*

*O Gálaxie superluxo branco da família foi trocado por um preto-brilhante para subir a rua principal acompanhando o enterro. Para quem não sabe, o Gálaxie é o maior carro que já foi fabricado no Brasil. Tinha uns três metros de frente por uns cinco de comprimento.* Era uma espécie de associação do máximo de conforto com o máximo de conforto, e de quebra o máximo de desperdício e ostentação.

Umas dezenas de Gálaxies pretos completam o cortejo. Todos com prefeitos da região, muitos deputados, tanto federais como estaduais, que vinham trazer os pêsames ao Gilberto pela morte do filho.

"Sinto muito, companheiro."

"Rapaz de valor, tinha fibra política, mas Deus quis assim."

"Não tenho palavras para expressar quanto lamento o ocorrido. Trago solidariedade das lideranças do nosso partido em Brasília."

Um após outro, a interminável fila que ia enterrando, não o morto, mas o Gilberto.

Ele começou a acabar deste dia em diante. Nada mais deu certo. Mesmo seu candidato a prefeito perdeu as eleições para a oposição. Tempos depois, passou a se desentender com a mulher e numa dessas brigas é que saiu decidido a ir tirar satisfação com um deputado do Recife. Perdeu-se no caminho, sem saber como foi, acabou parando num prostíbulo de beira de estrada. Depois de muita farra, de muito gastar, não tinha condição de ir avante na viagem porque já não fazia sentido, ir tirar satisfação do quê? Dormiu, dormiu tanto que sonhou e sonhou acordado, ou melhor, "pesadelou".

Uma voz calma, pausada, grave e segura o acorda:

– Bom-dia, doutor Gilberto, pensei que não gostava de preto, mas me enganei. Está deitado com uma.

Um meio-salto na cama é interrompido e paralisado por um cano grosso de um 45 em direção à sua cabeça.

– Que é isto? – grita a moça.

– Fica quieta. É só entre eu e ele. Já faz muito tempo que nós não nos vemos e faz dois dias que estou seguindo esta praga.

Aos soluços e tremores, Gilberto apenas gagueja o nome de Josias. O medo é tanto, tão forte o pavor, que dispensa o tiro de misericórdia.

– O homem se borrou todo, teve uma síncope e... e não voltou da viagem.

Procedimentos oficiais: construíram a histórica transferência para um hotel de luxo, atestado de óbito dado por legista que tinha prestado outros relevantes serviços ao Estado. Um cala-boca na moça e algum dinheiro para ela desaparecer no Rio de Janeiro.

*"Temos que zelar pela reputação dos homens de bem deste país. Que nem a viúva saiba como ele morreu. Temos que proceder assim para que as pessoas dignas não tenham o nome arrastado na lama."*

Foram assim as palavras finais do governador aos seus comandados quanto aos procedimentos para abafar o caso.

# O escravizado que tocava piano

Para começar, era uma vez uma palavra chamada escravo, com a qual as pessoas brincavam e brincavam e ficavam brincando. Bem, até hoje brincam em mortal irreverência a respeito da natureza humana, como se a mágica da vida produzisse seres acorrentados ou como se na terra dos meus ancestrais alguma coisa anormal tivesse ocorrido com a civilização, e fosse por uma inexplicável falha cultural, produtora de escravos. Era uma vez uma possível palavra chamada escravo, mas a palavra, que uma vez existiu, ganhou vida na imaginação da irracionalidade de alguns. Tomou forma, proliferou e tornou-se triste e real irrealidade, na qual mentes ingênuas ou perversas têm credo. Tendo credo, acreditam. Acreditando, agem como se fosse real. Tornando-se real, a irrealidade transforma-se em natural e aceitável. Uma nova verdade por seculares segundos imutáveis. É difícil olhar em volta e ver que o mundo é uma imensidão, que milhares e milhares de séculos se seguem, dos quais a nossa imaginação tem o curto e instantâneo prazer de ousar imaginar diferente.

A história é apenas isto: o escravo, tocando a transitoriedade das forças, deixa de ser escravo para se reconhecer apenas como escravizado. Recupera a realidade primordial que credos irracionais transformaram.

Sopra a brisa indiferente às pessoas. Sopra refrescando a si própria na sua indiferença. Sopra sem dar importância às cenas. Sopra pelo simples e singelo ato de soprar. Assiste a tudo e sopra nos nossos ouvidos a história real e sussurra verdades para quem as quer ouvir.

Estamos em finais do século dezoito, em pleno sertão mineiro, nas serras onde a riqueza do ouro e da prata, das terras, das mãos e do conhecimento africano fizeram a abundância da distante Portugal.

O frescor do clima produz manhãs de névoas úmidas e calmas e tardes de esplendor do sol dourando a entrada da noite, onde vez ou outra o Batacotô revive a vida. Bate tambor e soa longe para que o povo ouça. Bate e bate mais, até que o som seja ruidoso prazer de harmonia e conte na sua batida uma história.

Estamos diante de uma propriedade dita colonial, no centro de uma sociedade de imigrantes forçados vindos do solos Mandingas, Vai e Yoruba, aprisionados em seu corpo e livres em sua mente, em difícil diálogo com imigrantes, não menos forçados, vindos das terras de Portugal e Espanha. Os mais recentes, em sua maioria dignos representantes da escória social, às vezes embarcados à força, às vezes fugitivos, quase sempre rejeitados por seu próprio povo, aqui movidos por um mesmo ideal, à procura de fortuna e lugar social que crimes aqui cometidos pudessem conferir. Uma estranha, às vezes ou quase sempre, ignorante massa criminosa que a história nos fez acreditar como elegante corte. Corte de ilustres e educados seres.

Pois é diante da propriedade, um patamar da casa aberto para o espaço livre do campo, discretamente balançando com a brisa que passa, num vaivém elegante, chacoalha deselegante a impaciência de uma senhorinha. Tem os olhos no caminho e a atenção voltada para o que se passa no interior da casa. Aflita, acaba de vir da sala onde alisava o instrumento de som agudo e metálico vindo de Portugal. Vai até a varanda, volta e interroga ríspida:
– Onde está o professor de canto? Quem vai tocar piano para eu cantar?

Na outra sala, alguns viajantes chegados da corte, maltratados pelo tempo e pelas dificuldades do caminho, tratam de negócios. A senhorinha tinha visto na visitante presença platéia ideal para seus dotes aristocráticos.

Nascida na região, conhece o mundo de leituras e conversas repetidas cotidianamente no jantar como preâmbulo para a longa noite de sonho mergulhada na escuridão da noite, interrompida apenas pela lamparina a óleo de banha animal. Filha de imigrantes: a mãe, expulsa pela severidade de um pároco com relação à prostituição. O pai, um mercenário transformado em mercador. Ambos sem nenhuma instrução ou título de nobreza, nem mesmo algum ofício que os fizesse portadores do respeito e futuro assegurados na metrópole. Sonhadores de que, um dia, talvez a filha os pudesse resgatar do passado, deram a ela tudo que não tiveram, certamente após se estabelecerem no interior mineiro e tornarem-se proprietários à custa de diversos crimes, dentro dos quais a escravidão de todos que eram escravizáveis: africanos, oficialmente, índios e europeus não-oficialmente. O poder apoiado pelas armas e por bandoleiros que conseguiam organizar. A menina, um dia, deveria brilhar na corte, portanto, era treinada para a corte. Desta ilusão fazia parte o treino solitário da música sem platéia, sem corte, sem príncipes e nem mesmo sapos.

Um rapazola fazia o polimento de peças ao longo do caminho e observava a impaciência explosiva da senhorinha. Sem que ela imaginasse que ele fosse mesmo capaz de entender o que se passava. Sim, ela não imaginava entendimento possível. Bem, teremos que explicar antes de concluir ou seguir que o escravo para ela era um móvel, um ser movente, sem capacidade de compreensão, a menos que o mestre pensasse por ele. Criada repetindo a inteligência do branco português e acreditando na nossa imbecilidade africana, se acercava da verdade em cada inverdade criada naquele miniespaço da propriedade, onde a violência domesticava os espíritos e imbecilizava a inteligência humana, do dominado e do dominador.

Numa das idas e vindas à varanda prageja e pergunta a senhorinha:

– Quem vai tocar o piano pra eu cantar? Este imbecil que nunca aparece – referindo-se ao ausente professor.

Repentinamente, um dos móveis, um dos seres moventes ali presente, impensável para ela ou para alcance possível dela, e para surpresa própria se manifesta:

– Se quiser, eu posso tocar o piano.

De súbito, o relho canta na mão da senhorinha:

– Isto pra aprender a não mentir.

O relho soa novamente:

– Isto pra aprender a não ser insolente e meter as orelhas em assuntos de brancos.

Ela então sai em direção ao mesmo espaço da entrada resmungando:

– Onde já se viu um negro tocando piano. Lá sabe ele o que é um piano?

O tempo passa, a impaciência aumenta e a raiva também. Era preciso extravasar, culpar alguém, portanto, o ser movente tornara-se a desculpa mais oportuna.

– Diz saber tocar, como pode? Onde aprendeu?

Sebastião, ficando em pé, respirando o ar de ponderação e de certa superioridade diz:
— Antes da nossa cidade ser invadida e destruída, meu pai usava tocar muitos instrumentos. Quando os portugueses chegaram trouxeram um padre com uma caixa de música diferente de todos os nossos instrumentos musicais — tinha corda dentro e os nossos por fora. Meu pai aprendeu a tocar este instrumento musical e ensinou a todos nós.
— Sabe tocar? — um sorriso de desdenho brilhou no rosto da senhorinha.
O relho se aprumou, mandante e reinante na tonalidade de relho ameaçador.
— Pois toque!
O rapaz olha com olhar cruzado, vai ao instrumento, espia em torno, prepara e toca. Mal começa a tocar, um grito interrompe a mal começada audição.
— Diabo! Coisa do Diabo! Somente o diabo pode fazer um negro tocar piano!
A senhorinha sai correndo à procura de ajuda, de crucifixo, e sempre gritando:
— Diabo! Diabo! Diabo! O diabo apareceu e fez o negro tocar piano. Só pode ser coisa do diabo!

Dois dias depois, o Sebastião, que antes se chamava Diolofe, era enviado para outra propriedade, vendido como quem poderia incorporar o diabo. A senhorinha ficava enfiada na sua ilusão de ter visto o diabo.
A depressão e a paranóia aumentavam. Dia a dia a senhorinha parecia mais assustada com a idéia de o negro tocar o piano. Confirmava que o diabo de fato existia. Ela o vira.
Praga, pura praga desses negros. Padres eram trazidos para espantar o diabo e nada. A senhorinha só piorava e a paranóia aumentava.

Dois anos mais tarde, a senhorinha morreu louca, sempre repetindo:

– Um negro não pode tocar piano. Foi o diabo, o diabo.

Dezesseis anos mais tarde, o Dialofe morreu lutando contra os portugueses. Antes de morrer disse:

– Como pode este povo primitivo, cruel e violento pretender ser civilizado, pretender nos escravizar? Nascemos livres, vivemos livres e morremos livres. Como pode gente tão ignorante querer nos dominar?

# As gameleiras

Sob a sombra das gameleiras repousa uma das facetas interessantes dessa história. Não minha, nossa. Faz parte dos caules e troncos brasileiros nas raízes africanas. Da gamela de onde se come, de onde se bebe, simbolicamente, todos os alimentos. Tem uma sombra que não dá repouso, nem embala os sonhos, mas serve como imperativa resistência ao tempo.

Num raio de sol por detrás da gameleira, o safado espreita o pássaro negro dos sonhos dourados e de súbito, ao alcance da pedra da atiradeira, interrompe o glorioso vôo. O pássaro cai dos céus e para a sombra do rasteiro e sorrateiro. Cambaleia, tenta vôo e não consegue sair do chão. Surge a surpresa de repente, faz parecer o fim; sem a força do brilho do vôo tem como último recurso a sombra raquítica da graminha que vai se dobrando aos poderosos passos do safado infeliz. Não basta tê-lo atingido, precisa ainda do corpo como troféu de sua glória. Destroncar o pescoço caso ainda não esteja morto. A insensibilidade é o prazer amplificado. A pequena sombra é o recurso infinito que confunde os olhos do gigante no meio do silêncio da impotência e do pavor. Passado o perigo, resta o problema de voar para continuar vendo do alto a grandeza do mundo e poder apreciar a calma da velocidade tranqüila dos ventos.

Houve um crime, resultado de uma caçada sem marcas e sem registros, tendo como únicas testemunhas a pedra e as penugens arrancadas pelo impacto da arma. Mas são depoimentos que todos insistem em não ouvir. As razões são várias, todas do caçador. Justiça! Justiça! Todos clamam por justiça sem conhecer a medida do justo. Escravismo roubando as caças, perseguindo as presas, a alegria e glória de uma diversão inútil.

Não sei ao certo onde verdadeiramente começaram esses fatos, se estão nas manchetes dos jornais sensacionalistas ou na face tranqüila de meu pai a narrar os acontecimentos. Eles fazem parte do hábito de contar histórias das nossas histórias. Incluem o cotidiano da minha família, quando meu pai cumpria sua herança de griolagens, narrando fatos com certo orgulho, com o desvelo e o carinho que sempre me levavam a imaginar o lutar heróico de nossa gente negra, nas nossas vitórias diárias pela sobrevivência digna. Dizia ele que meu bisavô, o seu avô, era africano. Que nas noites de lua se punha no terreiro do quintal de casa a tocar um grande pandeiro de couro de búfalo e arco de madeira de jenipapo, decifrando frases e cantigas no idioma africano. Era um vitorioso. Sobreviveu aos crimes do escravismo, comprou a própria vida se associando às irmandades negras do Vale do Paraíba. Casou-se com uma negra quitandeira, que muitos diziam fugida e de quem poucos sabiam a real história. Pois é dessa gente, cujas histórias a História faz questão de esquecer, assim como de suas vitórias, que surge a questão de onde começam os fatos da trama que deságua nesta história.

Digamos que é uma história curta, em que os ingredientes principais misturam a saga de um povo com os crimes persistentes da discriminação e do preconceito. Estamos em 1932, na cidade de São Paulo, em plena rua Direita, uma das mais elegantes e arrogantes da cidade, onde alguns cafés e lojas não atendem a negros. Aí, na frente de uma dessas casas, vestido elegantemente com terno cor de vinho e quatro botões, usando pequenos óculos de aro metálico, um senhor diz empolgado:

— É discriminação, não passa de mais um atentado infame contra a raça negra. Todos os cidadãos de cor deveriam se rebelar e se pôr contra fatos dessa natureza. Este país nos deve isso. E o devedor é caloteiro e, para disfarçar a sua dívida, fica a inventar discriminações que nos diminuem perante a sociedade.

Um grupo de cinco ou seis espectadores na diminuta platéia que casualmente ali se formara, tinha topado, por acaso, com o sr. Manoel Quitério, que esperava a esposa, costureira de uma daquelas casas de moda.

Timidamente, um dos ouvintes expressa sua convicção:

— Eu sei... Onde há fumaça, pode ter havido fogo. O fogo é que o Árias não tem uma boa história. A polícia, desde o delegado até os peritos, diz que as provas são contra ele. Eu fico com vergonha dessas coisas. Por que a nossa gente de cor não anda na linha?

— São desconfianças como esta que diminuem a nossa gente, caro senhor. Põem em dúvida a palavra de um cidadão de cor contra as bravatas de um dos dois brancos filhos de escravistas, plantadores de café. Gente acostumada a tratar-nos com ferro e açoite.

O teor das conversas do entardecer da rua Direita marca o tom do debate do dia seguinte: o Grande Júri do Tribunal de

Justiça. Sem dúvida, condenação certeira do Árias, prejuízo para a imagem um tanto abalada e constantemente falsificada da gente negra.

Mas o centro da questão não estava nos fatos, nem mesmo apenas no júri, todo ele branco, filhos de ex-escravistas. Justiça não era a questão, mas sim, as raias do preconceito, e sobretudo, no que indicava o eloqüente orador, professor Vicente Ferreira, nos seus empolgados discursos em frente à Faculdade de Direito do Largo de São Francisco, o descrédito e a desconfiança implantados pelo branco no seio da valorosa gente negra. Esta era a questão de fundo.

– Autofagia insana – dizia ele.

Parava e procurava na interrogação dos ouvintes o efeito da frase. Continuava quando certo da atenção da platéia:

– Autofagia insana está ocorrendo com esses negros que ficam quietos e recuam, enquanto descendentes de inimigos da gente negra dizem fazer a lei e nos imputar crimes que não cometemos. Vamos falar em justiça. Pois bem, senhores, façamos pela História. Devemos ter em conta e avaliar quem tem probidade ética e histórica para julgar quem.

Faz-se silêncio sem resposta, pois a verdade nós conhecemos. Não existe pátria tão ingrata quanto aquela que deserda seu povo.

O final da história, não sei dizer se será feliz ou não. Resta, entretanto, acompanhar. Veremos nos semblantes de uns e outros as marcas da tenacidade e da certeza entremeadas com atos de hesitação, vergonha e desconfiança. Variações que, nos momentos decisivos, conferem o tom à nossa presença social.

Vamos caminhar por uma longa noite e por um longo dia. O tempo parece ter a dimensão do eterno. As palavras terão teor do aço e serão decisivas. Não solitárias, mas dispersas. E ali, no exato e único momento que se acham reunidas num discurso imaginário, condenando o mártir Árias.

## Dia do Grande Júri

À noite, eu tinha passado pela casa do sr. Correia Leite, onde funcionava a redação do *Clarim da Alvorada*. Lá estavam todos os de sempre reunidos, catando letra por letra no imenso alfabeto metálico, para composição do jornal. Não tinham linotipo ou nenhuma máquina de composição dos grandes jornais. Faziam as páginas saírem da paciência e da vontade de cada um, compondo tipo por tipo, palavra por palavra, sentença por sentença e, pela madrugada, já se viam as páginas metálicas ao inverso do texto.

Saí e fui pela noite ver como estava a cidade. A calma do sereno tornava úmida a noite e inspirava uma falsa tranqüilidade. No centro, fervilhava a "Taberna dos Pobres", onde o som corria solto e os passos faziam dos pares grandes dançarinos. Os que vinham do lado da alameda Glete, na Barra Funda, também indicavam que os bailes estavam cheios. Era uma época em que, de segunda a segunda, tinha baile da nossa gente. Apesar da pretensa descontração, de mesa em mesa os comentários se faziam em alternâncias variadas: culpado ou inocente? Preconceito dos brancos ou crime dos pretos?

Num dos bares, perto da redação do *Diário Popular*, um dos jornalistas já antecipava sua manchete para o depois do amanhã: "Justiça Exemplar". Pretendia ele que o fotógrafo, em um grande *close*, captasse o Árias de olhos esbugalhados e abatido pelo veredicto. Já tinha ele escrito o que aconteceria no tribunal. Os intelectuais de jornais ali reunidos exercitavam as teorias de Oliveira Viana e Nina Rodrigues. Havia os recém-chegados da França que elogiavam Gilberto Freire. Na frenética discussão, o Brasil era um misto de atraso pela degenerescência da raça e de democracia racial pelo triunfo do branqueamento. Tinha-se ali, numa simples xícara de café, num cálice de vermute, ou mesmo num conhaque, posições opostas, divergentes, de conservadores e modernos, de conservadores modernos. A irracionalidade da racionalização dos preconceitos. O arianismo conservador importado superado pelo modernismo do arianismo nacionalizado. Sairia dali o que o leitor leria nos próximos dias. Sobre o disfarce do interesse público do caso Árias, vinham as constantes repetições de teias de formação do pensamento público contra o inimigo público: o negro.

Fui para casa dormir na intranqüilidade da noite, pressionado pela sensação de impotência, cutucado nos pensamentos pela passiva revolta. Não sei quanto dormi ou quanto briguei com os lençóis, só sei que em certo momento a cama me jogou no chão, dizendo que teria um longo dia a cumprir.

Saí e fui até a repartição de Obras e Viação ver o Henrique do *Clarim da Alvorada*. Fumava ele lentamente um cigarro, espalhando fumaça sobre a imensa prancheta, onde figurava enorme desenho. Tinha os cabelos bem penteados, a barba e o bigode tão bem-feitos que nem parecia ter passado a noite em claro. Porém, era visível, no apagar rápido das linhas, que estava intranqüilo. Foi dizendo, sem tirar a atenção do papel:

– Bom-dia, caro amigo. Não posso ir agora lá no tribunal, apenas termino isto e depois o alcanço lá para ver o curso das coisas.

– Passei para dizer que também não vou agora, pois tenho de pagar o quarto. O italiano certamente me espera na porta e se não tiver o dinheiro ele faz o maior esparramo. Ainda mais ele que, por ironia, conseguiu o que tem à custa da preta Anastácia, minha tia, e agora não hesita em nos pôr fora de lá. Principalmente agora que sua família está vindo da Europa, ele quer nos ver pelas costas. No mês que vem estou comprando um terreno lá pelos lados da Casa Verde para construir minha casa. Vou fazer igual ao teu compadre Isaltino. É longe, mas só assim eu fico livre desses italianos que nos sugam o sangue.

Saí, atravessei a Praça da Sé e, ao lado do Pátio do Colégio, tomei a rua para pegar o bonde. De súbito, na parada, esqueci o que estava pensando. Os olhos se perderam no movimento

gracioso e elegante de uma senhora, que parecia também esperar o bonde. Estranha sensação. Os olhos correram nos seus delineados lábios de intenso batom vermelho. No sorriso, tinha uma suave expressão de felicidade. Era da nobre raça, mas desconhecida minha, e eu, que pensava conhecer todas as senhoras elegantes que por ali circulavam, me ponho encantado a perguntar a mim mesmo quem seria. Os bondes vêm um atrás do outro e, pelo movimento da senhora, ela tomaria o *Camarão*, que era o mais elegante. Eu iria no *Cara Dura*, o mais barato, o bonde aberto, onde se podia levar tudo e mesmo subir descalço. Acompanhei-a com o olhar. Quando da sua entrada no bonde, vi que o motorneiro a cumprimentou e que ele era o sr. Francisco da dona Zita, amiga da minha mãe. Rápido e sem pensar, eu estava andando de *Camarão*. Fiquei em pé ao lado do condutor para satisfazer a curiosidade, perguntar quem era a senhora e poder observá-la. Foi muito curto o intervalo de tempo, pois logo o bonde cruzou o viaduto de Santa Ifigênia e dobrou à direita, e na primeira parada ela desceu. Perguntei ao sr. Francisco:
– O senhor a conhece?
– Chama-se Liniana, é professora, vem lá do Norte e ensina no Brás. Cuidado, rapaz, não é coisa para o teu bico.
Sorrio e digo:
– Senhor Francisco, senhor Francisco, o senhor continua o mesmo crítico de sempre.
Fui e voltei na rapidez que a pressa pode esperar. Nesta cidade tumultuada e grande, afinal são quase um milhão de habitantes, não se vai do centro ao bairro e se volta em menos de uma hora. Lembro-me da Djanira contando que sua mãe a mandava às compras e cuspia no chão, e que ela deveria estar de volta antes que o cuspe secasse, como prova de presteza e agilidade. No meu caso, o cuspe secou. Quando cheguei, os comentários já eram sobre a arrogância do juiz, o dr. Barros, na abertura da sessão do júri.

Tocada a campainha, ele entrou e solenemente introduziu o caso dizendo aos jurados que a sociedade precisava se precaver dessa raça e que tinham em mãos a decisão que seria exemplar para a cidade.

Dizem que se fez muito silêncio quando do início do interrogatório do sr. Árias. Tranqüilo e imponente, do fundo da garganta de um tenor africano saiu a declaração que fez a sala tremer e os brancos empalidecerem:

– Deus e os meus ancestrais são as minhas testemunhas. Em nome deles e do meu próprio nome me declaro inocente.

Silêncio profundo marcou o desconcerto dos presentes, prosseguindo o eco ressonante do termo inocente.

## Manhã sangrenta

Sangue, sangue, muito sangue. Ensangüentada manhã em que em todas as partes da cidade paulista havia sangue. Curta, diminuta, mas intensa catástrofe. E havia sangue por todos os lados, nos mais tristes e estupefatos olhares, em todos os bares e comentários a palavra sangue. Imenso crime que de surpresa rompeu drasticamente a tranqüilidade da grande metrópole. Cidade grande, porém desacostumada à cena de crimes, põe-se diante de um massacre. O sangue estava em todas as esquinas, nas manchetes dos jornais, o sangue escorria sem se coagular na voz determinada dos locutores de rádio.

Crianças e velhos, moços e moças, enfim, a todos a chacina arrebatava a golpes de faca e facão, não deixando um só sobrevivente para testemunhar os fatos. Crime covarde, bestial, de muita ira e muita força. Um rio de sangue quebrando a monotonia da garoa paulistana, respingando em toda parte.

Neste clima tenso cultivado pela imprensa é que transcorria a manhã na qual nove corpos mutilados são encontrados num restaurante chinês, na rua ao lado da Caixa Econômica, bem no centro da cidade. E ninguém vira nada e muito menos ouvira. A comoção provocada pelos jornais dava a sensação de que parte da cidade havia morrido. A dimensão da catástrofe fazia a exigência da pressa, a polícia precisava agir rápido, tal criminoso não podia ficar solto, pondo em risco toda a população da cidade.

Ao meio-dia, o governador já cobrava de seu secretário da Justiça a própria justiça. Era preciso dar uma satisfação rápida à população aterrorizada pela barbárie. Não se ficaria em paz nesta cidade se o culpado não fosse localizado. Pressão. A polícia mobilizou todo seu efetivo, procurando dar proteção aos cidadãos, agindo rapidamente para mostrar serviço. Transformou-se no centro da agitação, dando batidas em todas as partes, procurando mesmo nas tocas de ratos e incomodando a todos. Rápido, quando se quer se consegue. Às quinze horas, nas proximidades do centro, foi preso o criminoso. Musculoso como um campeão de boxe, brutalizado nas descrições de rádio como uma besta humana, tal qual o satanás até o cheiro de enxofre se sentia. Prenderam o Árias que, rapidamente, confessou o crime. As pistas foram fáceis. Forte como um touro, coincidia com os prognósticos dos jornais. Ademais, estivera no restaurante no dia anterior. Talvez estivesse espreitando e premeditando o bárbaro ato criminoso. Fato é que foi ele, e crime de tal gravidade, conforme alardeavam os jornais, nenhum advogado lúcido e cônscio das razões humanas se prestaria a defender perante os tribunais. Só Deus poderia ser complacente com tal besta humana e, mesmo assim, o condenaria aos infernos. Tal pensamento foi expresso na missa das seis horas pelo sacerdote católico.

No início da noite, as edições extraordinárias de rádio e de jornais anunciaram com estardalhaço a surpreendente notícia da prisão do assassino. Anunciaram o caso e, na versão da imprensa, havia um rasgo contínuo e enfático de preconceitos contra a raça africana e seus descendentes. O crime tinha todos os elementos para excitar a população e merecer manchetes sensacionais. Na mesma noite a polícia anunciou sua versão, que era a mesma das manchetes. As leituras negras e brancas do ocorrido tinham a consciência da imprensa, que diz quase sempre a verdade, ela produz a verdade, ela produz a verdade publicada e acreditada: Árias é o assassino. O rádio e o jornal fazem a verdade da imprensa, o público acredita: Árias estava condenado. Deu no rádio, tornou-se verdadeiro, virou fato: o negro é o assassino.

Manhã seguinte de vergonha e preconceitos em todas as frases e manchetes de jornais.

Eu ia a pé para o trabalho e, passando pela rua São João, ouvi em um daqueles cortiços a moradora conversando em voz alta com a vizinha da casa em frente:

– Vê como é que é, dona Cida, tinha que ser um negro. Que vergonha que eu tenho dessa nossa raça.

– Eu não, eu não acho que foi ele. Isto é coisa desses brancos safados para vingar os nossos pais que não quiseram mais trabalhar para eles. Ah, minha Santa Ifigênia! Peço a ela para ajudar a mostrar a verdade.

Confesso que tive vontade de parar e entrar na conversa, mas os transeuntes não são bem-vindos na intimidade do casario apinhado de gente. Um dia, um branco que passava ouviu poucas e boas só por estar olhando: *"O que está olhando? Nunca viu gente, seu sabão de coco?"* E, num gesto de escandalizar a todos, a mulher levantou a saia e continuou a insultar. O cidadão, avermelhado como tomate maduro, deu pressa aos passos tentando desaparecer na multidão.

Na Barra Funda, toda a divisão de opiniões fazia o calor dos comentários. Tornou-se motivo de brigas e mesmo de agressões entre os membros da comunidade negra. Acreditar ou não era como fazer parte de um partido político ou de outro. Parecia a contestação da opinião do branco contra a evidência dos fatos.

Naquela manhã, cheguei na repartição antes do sr. Arnaldo. Quando ele chegou, ouvimos apenas um sintético e trêmulo bom-dia. E se fechou na sala. Havia indisfarçável vergonha em todas as caras negras, como se cada um fosse parte íntima e indispensável do criminoso Árias.

## ▒▒▒▒ Manhã de tristeza

Havia sol de imensa claridade e brilho incontrolável, mas frio. O tempo amanheceu no compasso do silêncio dos espíritos negros inquietos. Como já sabem, estava atrasado para assistir ao Grande Júri. Saltei de bonde e fui por ali pela Praça João Mendes, pretendendo entrar no edifício do Tribunal da Justiça pela porta dos fundos. Conhecia ali um dos porteiros, patrício entusiasmado com as coisas negras. Vez ou outra me chamava lá para ver os arquivos onde havia os velhos processos de antes da abolição conduzidos pelo sr. Luís Gama na defesa dos escravizados que, em legítima defesa, haviam matado o escravizador. O passo largo pela calçada me permitiu vislumbrar um grupo que vinha também, certamente em atraso, através da estreita rua Onze de Agosto, ladeando a igreja dos Remédios.

Consegui entrar num dos intervalos, tomei assento na fila de trás, onde estavam as irmãs do Árias e tive o prazer de ouvir um pequeno trecho da conversa. Uma senhora alta, bem preta, com idade apreciável, sentou-se ao lado das irmãs e cumprimentou-as:

– Obrigada, Maria, por ter vindo.

– Vim, não poderia deixar. Lamento que a Cida não tenha vindo.

E em tom de segredo, confidenciou:

– Ela teve medo de sair nos jornais, sabe? Poderia haver fotógrafos. Mas e o advogado? Como conseguiram? Já ouvi fa-

lar dele. Um preto bonito muito elegante. As pessoas dizem que ele não simpatiza com a raça.
— Pois você sabe o que dizem, não é?
— Sim.
— Então, uma noite, eu e a minha irmã decidimos ir vê-lo. Ajuntamos todo o dinheiro que tínhamos e fomos à casa dele. É perto de casa, ali mesmo no Bexiga. Quando chegamos lá, nós tremíamos mais que vara de marmelo. Tomei coragem e falei, oferecendo-lhe dinheiro. Ele fez uma longa pausa de suspense e depois respondeu: *"Senhoras, guardem seu dinheiro para coisa mais útil. Sou pessoa de bem, com uma carreira pela frente. O caso é difícil, mas é mais que meu dever atendê-las. Faço de graça. Chega de insultos à nossa gente"*.

A firmeza do advogado de defesa era impressionante. Colocou argumento preconceituoso atrás de argumento preconceituoso e por fim mostrou a incoerência. A besta humana não poderia ter um rasgo de sagacidade em ocultar as armas do crime. Então, pela lógica, os raciocínios estavam infundados.

Tempo tempestuoso é sempre o mais longo de todos, e foi impiedosamente longo neste tribunal.

Por fim, o júri se retirou para deliberação e demorou relativamente pouco para retornar. Poderíamos dizer que os nervos destroçam as pessoas na espera em poucos segundos, quanto mais, em meia hora.

Dado o resultado, a nossa raça correu pelos corredores e como borbulhante enxurrada, logo ganhou a rua, sendo represada pela barreira e mais de trezentos patrícios que acompanhavam de fora o julgamento.

A cena é de lágrimas, profundas lágrimas. A multidão ergue o Árias, abraçado ao advogado, em vitória:
— Inocente, inocente! — A única palavra ouvida.

O burburinho imenso, intranqüilo, ufanista, toma conta de todos os espaços. O final, porém, não é de todo feliz: muito cedo todos esqueceram dessa história.

# Bate-boca deselegante

Todos viram e não intervieram. Ficaram paralisados, perplexos, sem nenhum reflexo e quando saíram do pasmo, os fatos já eram fatos.

– Vamos para a delegacia que vou dar queixa. Esta neguinha me paga.

A diretora, ainda numa atitude de pedir calma, tenta intervir e conciliar. Aliás, melhor inteirar-se do acontecido. Ao ouvir os gritos, tinha jogado os papéis ao vento e ido de encontro ao alarido. Na fila dos espantados, alguém diz:

– É a professora Marli, a loira.

No reflexo do movimento dá de encontro com ela e seus xingos. Quase tropeça nos resmungos. Toda molhada, totalmente despenteada, tem os braços arranhados, os cotovelos ensangüentados. Nem ouve as perguntas da diretora. De nada adianta acalmar. Ela não atende ao clamar de vamos conversar. Está possessa e possessa continua. Entra no carro e manda tocar para a delegacia de polícia.

Os alunos todos na algazarra, os professores todos pelos corredores correndo a corrente do testemunho dos fatos. Trata-se de repor o curso da normalidade, retornar às aulas, dizer às crianças que nada de anormal tinha ocorrido, que fora apenas uma crise nervosa de uma das colegas, melhor dizendo, das duas.

Comentário em voz baixa, em entremeios de segredo:

– Mas que baixaria, a que ponto a nossa escola chegou... Professor se estapeando pelos corredores e saindo para delegacia de polícia.

A mais velha das docentes acha aquilo indecente, olha em censura silenciosa, diz como única palavra que felizmente está próxima sua aposentadoria e que as pessoas no seu tempo, ou melhor dizendo, as professoras, se davam ao respeito. Completa, indo embora: – Onde já se viu?

– O que aconteceu?

– Nada – resposta cínica de uma das testemunhas oculares do sucedido e ainda não explicado.

Bom, todos viram e agora ninguém tinha visto nada.

No entanto, já virando jocosa fofoca alguém narra:

– Em miúdos, a professora Feliz da Conceição.

– Logo ela, que é tão educada – retruca a ouvinte.

– Pois bem, ela mesma, agarrou a professora Marli, derrubou-a e arrastou-a pelos corredores até o banheiro e lá dentro, lá dentro... – Toma fôlego agravando a gravidade do ato grave, e também dado o apressado da diretora que sobe as escadas em direção à diretoria.

Quem ficou para trás não era elo de informação da notícia.

– Não consegui ouvir direito o que ocorreu lá dentro, mas devia ser coisa séria, pois os tons foram de profundo espanto, imensa censura.

Num entredentes quase sorrindo, de compreensível pequena satisfação, a faxineira prepara-se para dar todo o serviço:

– A professora Feliz da Conceição arrastou a professora Marli para o banheiro, e...

– Arrastou pelos corredores e ninguém fez nada?
– Foi tudo tão rápido e muito inesperado – diz uma das testemunhas, a mais nervosa de todas.
– Mas o que deu na Feliz da Conceição para tanta violência, tanta discordância? Ela que sempre foi tão cordata?
– Por que a professora Marli estava tão molhada? O que aconteceu?

Aí, a servente ri. Não agüenta e ri mais, rápido engole o riso pela desaprovação dos olhares. Assim, no entanto, depois de tomar coragem e fôlego, volta ao ponto onde estava antes de ser interrompida.

Os olhos ficaram maiores que a testa. Espanto.

– Mas foi assim.

Da pausa ao suspiro profundo, a diretora expressa sem uma palavra sua preocupação.

– Dona Marli chamou a dona Conceição de nega fedida. Dona Conceição arrastou-a até o banheiro, pôs a cabeça dela na privada e deu descarga, oras! Foi isto!

A história termina aí. Ou começa. Os comentários têm as tonalidades de pretos e brancos. Um diz que a professora Feliz da Conceição, depois que entrou para o movimento negro, ficou tão racista... Poucas vozes censuram a agressão nas palavras da professora Marli. Só uma voz menciona o racismo, e logo é silenciada.

– Mas precisava tanta agressão? – sacode uma cabeça interrogando a voz dissidente.

Ninguém se lembra que, na eleição passada para a coordenação, a professora Marli reuniu as professoras brancas, e as supostamente brancas, para dizer que elas não deixariam uma negra exibida mandar nelas.

Ninguém disse nada, mas nós adoramos a feliz concessão da Feliz da Conceição.

# Couro de gato

Couro de gato, camisa de seda, sapatos de couro marrom e branco, sempre bem-vestido, malandro admirado de histórias fantásticas no bairro. Sambista dos sons bem-feitos na boemia, freqüentador dos bons bares e altas rodas de boa música. Entre o Bexiga e a Barra Funda todo tamborim de qualidade e destaque tinha um só nome: Couro de Gato, aquele que dá boa sonoridade.

Couro de Gato fantástico, admirado pelas mulheres, detestado pelos maridos, inimigo público das madames do bairro. Gato de madame é bem tratado, come à farta, mais do que as crianças. É o que dá o melhor dos tamborins.

Os bairros centrais repletos de casarões antigos de dois ou três andares. Havia a história sinistra de uma personagem que caminhava livre, silenciosamente pelos telhados no meio da noite. Usava surpreender os felinos com sua habilidade e transformava-os em tamborins de couro na época do carnaval.

Quando a vizinhança via a madame desesperada à procura dos bichanos, todos sorriam e diziam:

– Eu ouvi que o Couro de Gato andava pelos telhados da redondeza.

Na arte do telhado e do silêncio de felino, Couro de Gato era também responsabilizado pela hilariante aventura de levar suas amantes para magníficas visões da cidade nos descaminhos da noite.

A noite é para os amantes fervorosos que correm os telhados em busca de doces aventuras. Quem não namorou nos telhados com a brisa da noite caindo suave, tendo a visão da lua e das estrelas, não sabe o que é ser envolvido por estas duas mulheres: a noite e a paixão.

Couro de Gato, profissão: artesão de madeira, restaurador de móveis. Ofício que era uma herança de família, cujo sobrenome, Madeira, vinha de longa data, do interior do Piauí, ou do Maranhão, poucos sabem ao certo, pois suas histórias corriam de acordo com o humor e o interesse dos ouvintes. Falava também de coisas de quilombos, de histórias de negros de coragem incomparável, de ditados e feitos de escravizados, mas era sobre a paixão e o amor das mulheres casadas que discorria horas e horas, sem cessar, desde que houvesse platéia, mesmo que de um só ouvinte.

Não era intelectual, mas freqüentava as rodas dos negros versados na poesia, nos escritos da arte da palavra. Declamar e discursar era o que estes negros do Bexiga mais gostavam. Não se podia pôr um tijolo que alguém já subia em cima e discursava. Nos desencontros da vida, raras eram as vezes em que Couro de Gato não se fazia presente nos debates e conferências da Associação Cultural do Negro ou do Cultura Coimbra. Saía de lá do prédio Martinelli envaidecido quando alguém o apresentava como poeta popular.

– O que o senhor escreve, seu Couro de Gato? – perguntava uma senhora elegante.
– São versos, versos minha senhora, nada mais que versos. Vindos dos meus sonhos quando durmo no telhado.
Saía dali, passava num dos bailes da noite paulistana para ver como estava o *swing* da negrada. Passava pelos bailes e se perdia desaparecido pela noite sempre acompanhado de grandes amores e loucas paixões.
Trabalhava quando o dinheiro não mostrava o ar da sua graça. Trabalhava e vivia para gastar tudo ou até mais do que ganhava. Desta forma, eram os grandes boêmios e a boa malandragem que vivia a noite paulistana dos anos 50 e 60, quando negros tinham muito charme e grande vaidade. Era uma época em que o popular no nosso meio tinha o seu charme, revestia-se de um bem falar e de uma elegância impecável.
Na véspera do Carnaval vendia tamborins. Fazia-os de bom couro de gato curtido com ervas especiais no fundo do quintal, raspado com muito cuidado à navalha, preparado sob o ritual de uma reza ou cantiga de terreiro banto, segredos que se envolviam em mistérios e histórias. O resultado era um tamborim que ninguém mais fazia. Invariavelmente referido como couro-de-gato-de-madame.
Duas páginas no bairro aborreciam as madames donas de gatos: as visitas dos circos ao bairro e o entrar dos ensaios de carnaval; era quando os gatos desapareciam. Quando o circo chegava, os donos davam duas entradas grátis para cada gato trazido vivo que serviria de almoço aos leões. E no carnaval serviam de matéria-prima para as baterias das escolas de samba, para prazer e orgulho dos percussionistas de ter um sonoro e vibrante instrumento feito de couro de gato de madame.
Gabava-se de ter aprendido o trabalho em madeira e a paciência na procura da perfeição com os mais velhos, ainda vindos da África. Conhecia do fazer da cuíca ao violino. Conversava com a madeira, perguntando quais caminhos a ferramenta

deveria percorrer, recitando versos e cantando ladainhas. Dizia descender de negros ricos e respeitados nos interiores do Piauí. Contava que na oficina do avô falava-se francês e se faziam móveis refinados e tílburis, para pessoas de esmerado bom gosto e contas bancárias bem providas.

Couro de Gato era um canalha temido pelos maridos, pois cultivava a arte da sedução de mulheres casadas.

Dizia que as mulheres eram pedras preciosas esmagadas no chão da vida por mãos inábeis que não lhes davam o prazer do trato e a alegria do brilho.

Sentava numa roda de homens e aos poucos recebia a atenção quando se propunha a falar de mulheres:

– São abandonadas, solteiras em companhia dos maridos. Trata-se de brutos, com bafo indesejável de álcool, sem palavras de apreciação, de carinho. Vão a elas como quem vai a latrina. Entram, fazem rápido a necessidade, sacodem o sexo e saem sem observar o ambiente.

Daí, punha-se a falar dos préstimos em cativar e suprir as necessidades íntimas de uma mulher. Viajava profundo na poesia de um artista a contar as paixões da alma feminina. Os relatos sempre acabavam em sinfonia amorosa no alto dos telhados em noites de lua abundante. As telhas são como um piano, sonoras, delicadas. Apenas uma vez fora interrompido ao dizer que no meio da noite teria visto a negra pele da amante reluzindo ao brilho da lua.

– Bravo! Bravo, Couro de Gato. Vai contar esta história em outro lugar – reagiu um dos ouvintes – você nos faz passar por trouxas ou crédulos. Como alguém pode subir com uma mulher ao topo do telhado e aí ficar em incríveis histórias, em loucas paixões?

Couro de Gato retrucou:

– Falta sensibilidade para vocês. Sensibilidade. Jamais serão bons artesãos. Jamais conseguirão sentir ao fundo a alma feminina.

O círculo muitas vezes se desfazia pela impaciência dos ouvintes, pelo deixa-disso de todos, cujo silêncio indicava o que não queriam confessar, que bebiam avidamente da fantasia nas histórias de Couro de Gato. Era um artista da palavra e da fábula, assim como da madeira.

Todas as vezes que uma mulher casada passava a cantarolar alegria, o marido começava a ficar preocupado, refletindo sobre a existência das histórias de Couro de Gato.

Uma vez comentou, na roda de bêbados do bar e jogadores de bilhar, entre uma tacada e outra, fazendo referência ao novo caso.

– Fui à igreja só para observar as senhoras.

Anda entre as mesas, faz a jogada perfeita e passa à próxima:

– Na igreja, sentei-me perto de três senhoras de olhares tristes. Todas as três à minha frente. Cismei de fixar e penetrar nos olhos da mais velha. A igreja é o lugar ideal para seduzir, cativar as mulheres casadas, abandonadas pelas atenções do marido.

Dá uma olhada, vê que muitos estão atentos, e prossegue:

– Lá estão elas, sofredoras, pedindo ao Criador um raio dessa luz chamada felicidade. Eis que aí eu apareço. Cria-se o dilema, principia a excitação, a dúvida delas entre o pecado e o pecado. Ficam elas com o pecado menor. O pecado minúsculo do adultério, contra o pecado do marido insensível. Sim, porque marido insensível é um pecado contra a natureza humana, natureza que precisa, como as árvores, receber sempre água e cuidados.

Alguns apartes e protestos, comentários e incentivos à continuação do relato. A curiosidade alimenta os espíritos ávidos de simples novidades.

– A escolha não é difícil, pois dentro da tristeza, em face dos pedidos, pensam que pode ser obra do divino.

Continua jogando:

– Sabem, quando fixei a mais velha pude sentir que era gelada, mulher a ser revelada na sua beleza escondida pelo tempo.

Passa giz na ponta do taco, ouve comentários dos presentes e não se perde no curso da sua narrativa:

– Primeiro, criei nela o despontar de estar sendo observada. Daí, passei com os olhos a descrição de que está sendo admirada.

As seqüências de jogo vão na monotonia desse passatempo.

– Depois, distraído como quem não quer nada, dei a ela um pequeno buquê de flores, com a recomendação que jogasse uma a uma das rosas pelo caminho fazendo a cada passo um pedido. Isto para não despertar embaraços de desconfiança no marido. Ela aceitou. Tive aí a confirmação da candura.

Neste momento, um dos jogadores fica nervoso, desiste do jogo e diz que vai cedo para casa. À sua saída segue-se um silêncio, um acompanhar de olhos, olhos que dizem. A suspeita de uma confirmação do ainda não falado, mas presente nas entrelinhas e nos entreolhares.

O silêncio longo reflete as preocupações e as confabulações mentais.

Através do silêncio seguem-se duas, três, quatro voltas em torno da mesa.

Para retomar o palco em vias de demolição, Couro de Gato faz uma reflexão sonora e ousada.

– Muitos aqui falam do prazer sem nada sentir de especial, sem dar nada de especial.

Olha em torno e percebe nas expressões o efeito da frase, o disfarçado interesse. Convencido de que pode continuar, que a atenção está garantida, vai em frente, conhece a artimanha da catimba, e, como quem simplesmente divaga:

– Satisfação não é nada dessas coisas que fazem por aí. Pequenas coisas, como tomar um trago de bebida forte, desmaiar do outro lado e quando se pensa que vai conseguir, já acabou.

Como sempre, outros autores sentem necessidade de mostrar seus conhecimentos, mas o artista segue, pois a platéia só tem olhos para ele.

– O prazer de fato começa, bem, isto para quem já conhece uma mulher, depois do terceiro ou quarto orgasmo. Aí elas são reveladas, penetram na profundeza da meiguice e expressam seus profundos desejos.

– Como é o nome dela? – pergunta um dos curiosos.

Somente com um olhar de confirmação por ter ouvido a pergunta:

– Não pense que o lar é um sacrossanto paraíso para as mulheres. Que comida e filhos fazem a felicidade íntima de alguém. É um calvário de trabalho, de sofrimento e solidão. Comida, panelas, filhos, comida, panelas, filhos, marido ausente. Ainda se humilham controlando os restos de salários que os senhores gastam no bar, nos bordéis.

Couro de Gato, continua falando, parecendo ignorar a pergunta que lhe foi dirigida:

– O dinheiro nunca dá para nada. Passeio, só na casa da sogra e da mãe, que além da igreja é mais uma obrigação. Sem esquivo algum, além da desconfiança descabida que senhores empenham e solenemente depositam na obrigação de fidelidade. Um dia, quando qualquer alma sensível cede dez minutinhos de alívio e compreensão, então elas se entregam profundas e doces como nunca. Penso que os senhores nunca sentiram uma mulher.

– Como é o nome dela? – pergunta novamente o inconformado, agora com ar traçado de intimação.

Percebe-se que não estava gostando em nada do caminho que toma o assunto.

Fazendo um pouco de charme, e estirando os braços como quem pede a volta das atenções, prepara a voz e diz:

– Jamais um grande amante como eu revela o nome, os sinais ou os caminhos de uma senhora.

– Vai, Couro de Gato, diz aí quem é esta encantada.
– Posso afirmar que é deslumbrante. Mulher nunca vista. Jamais havia sentido tão perfumada e suave jóia. Quando digo jamais é muito vasto. Tão surpreendente que quase me escapa dos braços e cai do telhado.

Quando se fala em telhado no bairro, faz-se outro silêncio. Ouve-se aí o pisar dos gatos. Vai se tornando tabu falar em telhado.

Eis que, passados alguns dias daquele jogo de bilhar, o fatal estava para ocorrer. Um dos maridos desconfiados da alegria da mulher passa a vigiá-la. Quem vigia encontra e vê o que quer ver, faz o que dizia não fazer. Assim teve a impressão de ver um dia a esposa sair de casa e subir pelo telhado. Ficou horas à espera. Viu quando ela desceu e entrou em casa pelo terraço lateral da casa. Foi rápido e tirou a escada, deixando como única saída para o amante saltar por cima do muro para uma casa vizinha. E continuou na vigia. Esperou, esperou, esperou, e de repente ali estava ele, com um gato nas mãos a pular do telhado.

Da raiva e do ódio não se extrai a hesitação, muito menos a reflexão. No dia seguinte triste notícia preenche as manchetes: *Marido alveja esposa que chegava da missa. Não há motivo aparente.*

Couro de Gato, agora não mais apenas um mito de histórias alegres e conquistas incontáveis, mas um pesadelo triste.

# Sonata para uma noite de chuva de verão

É verão, os dias e as noites se sucedem abafados e quentes. O mundo parece ter dificuldade em respirar. Pás de ventilador giram soprando uma brisa dentro das paredes das salas amplas. Brisas que na noite não se comparam com o soar do mar em idas e vindas, com o alegre borbulhar de conversas, de sonhos e encantos de quem anda pela estrada à procura da distância, a saborear o prazer de tocar nota por nota a partitura de uma emoção musical.

São tempos de verão, no calor incessante, lua e sol se alternam à procura do máximo esplendor. A paisagem sofre ligeiros retoques em sua perfeição natural, no vôo dos pássaros, no delírio do verde e das flores. Como um natural e constante aprendizado de renovação, a vida tem um sabor predileto no verão. Um gosto gostoso desta delícia saborosa que são os momentos de verão.

O parado do vento, no entanto, por momentos cede espaços a um forte respingar de gotas no telhado. Em poucos instantes as nuvens tomam espaço e transformam a calma num princípio de dilúvio fazendo os céus virem abaixo.

São repentinos raios, trovões gritando forte, outra expressão da natureza inunda o espaço. Chuvas repentinas e fortes de verão, desabam rápidas e ligeiras, prolongadas e enérgicas, lindas, reluzentes, majestosas como donas absolutas do mundo.

Chuvas de verão que interrompem o silêncio dos campos, quebram a monotonia da rotina das árvores passando, encharcam o pára-brisa, limitam a visão e transbordam de pronto o caminho. Por fim acabam por interromper a viagem. Deixam o viajante apressado sem escolha, frágil diante da fatalidade da natureza, impotente diante da massa da água límpida, caindo em busca de refúgio.

Foi quase assim que, numa noite de verão, a meio caminho, um espetáculo da orquestra sinfônica ficou interrompido numa interrompida viagem, numa noite de verão em meio a uma longa e deliciosa, estrondosa, chuva de verão.

Ouve-se o dedilhar das gotas no telhado e ainda as roupas estão molhadas do correr entre a casa e o carro. Nada melhor que uma cama à espera do passar da chuva, ou quem sabe da noite. Um ótimo álibi para um repouso forçado de quem anda de lugar em lugar, de espetáculo em espetáculo, sem descanso nem ócio, já quase no limite, sem observar o renovar da vida, as trocas da natureza ou mesmo as chuvas no telhado. A poesia só tem encanto quando absorvida suavemente, como o sabor de um vinho delicioso descendo gota a gota pela garganta. Tem gosto de uma saborosa massa de muito tempero, e de quem parou de falar no espetáculo que já está interrompido mesmo sem ter começado. Lentamente, na falta de jeito do inédito, a fala aos poucos começa a falar de si, da vida, além do óbvio formal de dois profissionais assíduos, persistentes, que normalmente só falam do mesmo diferente mesmo, da mesma sala de consertos, dos mundos próximos que não se tocam: a música, o som, a composição, os instrumentos, os intérpretes, as apresentações da orquestra, o virtuosismo da orquestra. A chuva transforma em poesia a vida do ocupado. A nova distração faz esquecer a persistência da existência. Eis um momento de poesia.

– Chove muito! – dizia ele ao telefone. Consegui um hotel à beira da estrada, a meio caminho, e não vejo condições de chegar a Brotas hoje. Desculpe, mas é impossível ir além. Ficaremos por aqui.

– Não se preocupe. A apresentação fica adiada para amanhã.

Assim, parte da orquestra, o maestro e o primeiro violino lamentam a chuva e se instalam num pequeno e providencial hotel à beira do caminho. Se fosse combinado, não seria tão especial. Se tivessem escolhido, não cairia de forma tão perfeita como a surpresa da chuva que interrompeu a viagem.

– Não sei por que resolvi vir hoje por aqui, maestro. Está me ouvindo?

– Sim, professora.

– Desculpe o incômodo, maestro, mas...

– Não, não tem problema, são casualidades.

– Sim, mas se o senhor estivesse sozinho, não teria tanto trabalho, além do quê, ficaria mais à vontade e confortável. Se quiser, eu durmo no sofá.

– Não, não, professora. Eu fico no sofá. Ponha-se à vontade. Não quero que pense que isto me dá algum incômodo.

– Até que o lugar, apesar de malcuidado, tem o seu encanto.

– É, parece quase perfeito, professora. Acredito mesmo que gostaria de ficar aqui alguns dias e terminar alguns trabalhos. É uma pena que não tenham um piano. Seria ótimo para trabalhar. Poderia mesmo mostrar-lhe o que vinha comentando pelo caminho.

No mesmo ritmo síncrono e assíncrono da chuva, do temperado ao *alegretto*, passando por um crescendo intenso, e terminando no respingar das últimas gotas no telhado, a conversa musical invadiu a noite. Flutuou nas distâncias, daquelas que revelam um longo interesse, nunca antes conversado, mesmo impensado e desaconselhado, mas insinuado ao longo de horas e horas noite adentro.

## A volta

O verão retorna pela manhã ao seu lugar de fazer brilhar esplendoroso o sol. Aos poucos recolhe todas as gotas d'água caídas durante a noite, secando os terrenos e recompondo o silêncio da brisa quente. O mormaço típico de verão toma conta de todos os lugares.

A viagem teve a sua continuidade, sucederam-se ida e volta. Apesar da seqüência tão aparentemente igual, antes e depois da chuva, nem tudo está no seu exato lugar. Nem tudo está indiferente ao natural movimento de ir e vir. Pode até ser que a água tenha regado outras plantas, renovando a vida. Observando melhor, podemos notar que a chuva cavou a terra, lavando alguma camada da superfície para o fundo dos rios e mudando quase nada ou quase tudo. Certeza é que após a chuva, o detalhe mostra a mudança que ficou orquestrada na paisagem, contrariando a aparência de que tudo parece igual.

O maestro de pronto estaciona o carro na frente de casa, ato habitual elementar, mecânico, recopiado de milhares de iguais chegadas. Chega de volta, como tantas vezes, diferente do sempre igual tantas vezes. Pára e segue instintivamente em direção ao apartamento.

– Senhor Paulo, como foi de viagem? Demorou! Não era ontem que voltaria? – segue dizendo a zeladora em meio ao pequeno *hall* de entrada.

– Bem, muito bem – responde ele. Bem, embora o piano estivesse um pouco desafinado; mesmo assim a apresentação foi boa, teve que ser adiada por causa da chuva, mas foi boa. Assim foi ele falando através do corredor e o som ficando distante até se fechar atrás da porta, permitindo-se uma rápida despedida. Do lado de fora, fica a senhora a cuidar dos afazeres da portaria do edifício.

Como sempre e como há tantos anos, depois da chegada de viagem vem novamente a zeladora:

– Tem cartas para o senhor.

A porta mal se entreabre, a mão apanha automática os envelopes e a voz da senhora, procurando continuar a conversa, fica perdida percebendo que fala sozinha, que ele voltou rapidamente para dentro e, diferente de sempre, não teceu considerações sobre os fatos políticos ocorridos no dia. Muito menos olhara o jornal e tampouco aproveitara o entretempo para comentar as manchetes.

Entrou, saiu, entrou, mal deixou a pasta sobre o móvel e o paletó de brim sobre a cadeira e, despercebido e ávido da música, sentou-se num dos dois pianos da sala e de leve, muito de leve, foi acariciando o teclado e deixando-se levar pela imaginação. Breves acordes, interrompidos pelo lápis no papel a anotar e a apagar, a retocar e tocar e de novo anotar e repetir. Foram horas deste ato que parecia saborear cada instante, a passear por cada nota, a viajar na admiração da própria magia, a viver a satisfação da mágica existência percebida.

Era um dia ensolarado, a luz morna da tarde corria através da cortina rendada, bebendo o fresco da tranqüilidade do ambiente, refrescando os lábios na calma da meia-luz. As silhuetas exibiam reluzentes e solenes, aparentemente silenciosos qual dois cúmplices da cena, os pianos. Sereno ambiente, parte de um mundo particular, pouco penetrável e raramente compartilhado.

Parado, o maestro fica um longo tempo distante, olhos brilhantes e fixos ao longe, pensativo, como um observador atento da própria mente, repassando cada gota da chuva. Recorda os pensamentos, as sensações, volta ao lápis e ao papel, aos rabiscos, passa a borracha e no mesmo ato deixa os dedos correndo sobre o teclado. Vai aos poucos descobrindo a suavidade melódica daquele poema preso há horas. Fala sozinho mais forte do que seria capaz de na presença de outros. Sente a força na expressão da grandeza daquele momento, penetra profundo em cada nota, em cada tecla, em cada tom ou semitom. O vento sopra a cortina dando a impressão de que existe uma nova música no ar, onde o ar respira a branda luz de alguém não contido em si, explodindo enorme com os raios daquela tarde e caminhando silencioso como a força da chuva.

Parece não notar o passar das horas. Foram horas e horas, como se não fosse nada, nem fome, nem pressa, nem tempo, nem mundo. Tudo parado num mágico instante de inspiração. Embriagado e perdido, mergulha mais e mais no som que traz nas pontas dos dedos. De um momento para o outro, pára e deixa apenas a música tocar a imaginação, como os dedos tocaram a suavidade da pele negra, dos pequenos seios e das carícias. Os sabores ouvidos aprofundavam-se nas notas num trocar de sons, entre o barulho comportado da chuva e o sussurrar intrépido das difíceis confissões de uma paixão.

– Bela música! – disse um dos pianos, aquele mais à esquerda, próximo da janela e que ainda não tinha sido tocado.

Não obteve resposta, apenas viu as mãos voltarem a tocar, reprisando um pouco daquele sonho desprendendo-se em sonata. Aí, depois de repetir e repetir o tema melódico, sem quebrar o encanto mais uma pausa, os olhos caminham pelo ambiente à procura outra vez de mais papel e outro lápis e novamente as mãos encontram o piano, quase como se os seres ali presentes fossem inexistentes, ou quase insignificantes diante do perfume em tom de paixão espalhado pelo ar.

– Está inspirado hoje! – volta a tentar uma ponta de conversa o piano da esquerda.

– Psiu! Silêncio! – diz o piano da direita, olhando fixamente para o companheiro. Depois de um ar de observação, avança alguma opinião: – Ele está estranho, há tempos que não o vejo assim. Diria que há tempos ele não tem um momento tão profundo. Será que voltou a passear em Água Vermelha?

– Seria bom que fosse assim – completa o outro; e como quem pretende alongar a conversa, vai falando: – Tenho muitas saudades daqueles tempos. Esta casa tinha vida. Havia constantemente música, música. Não apenas uma pessoa tocando piano.

Volta a repetir a frase musical, como alguém que está à procura da perfeição, ou do mesmo sentimento tocado pela lembrança.

– Não vai nos dar atenção. Isto me lembra os tempos dele na França. Era assim todos os dias. Parecia não querer parar mais. Flutuava e flutuava de emoção em emoção. Você tem razão. Eram tempos de música, não de tocação de piano!

Deixou-se passar o silêncio e o tempo do silêncio da última tentativa e voltou a observar:

– Foi boa a viagem? – insiste um dos pianos, meio impaciente em puxar conversa.

O silêncio flui pelo ambiente como o caminhar de branda fumaça de cigarro e quando todos já pensam que ninguém tinha ouvido, vem de um respirar a resposta.

– Ótima! Excelente! – em seguida quebra qualquer espaço para continuação de uma conversa, retomando a música.

Os pianos se entreolham e percebem que não existirão muitas palavras, apenas um ótimo clima, muito próximo do imponderável.

Ele persiste, volta a tocar, incansável. Cada vez mais sentimental, mais profundo. Agora do princípio até o fim. Repete os toques com a mesma suavidade, percorrendo todo o corpo, espelhando todo o delírio em algumas passagens e voltando ao íntimo da frase, sob os olhos cada vez mais intensos. Ouve-se perfeitamente o pipocar da chuva, as gotas de água no telhado, os sussurros, tudo em cada frase musical que toca firme a imaginação e vai se perdendo no diluir dos sons.

Aí, se refaz o silêncio. Inspirado silêncio. Silêncio e mais silêncio, como quem se deu por satisfeito.

— Parece que terminou — pensa consigo um dos pianos, mas não ousa falar.

É certo que terminou, mostram as evidências. No entanto, a platéia não ousa aplaudir. Apenas espera. Não quer quebrar o leve encanto daquele estado de sonho, muito menos o silêncio daquele pensamento. A platéia é sensível ao momento, aguarda ansiosa o próximo ato. Está ainda mais ansiosa para saber os motivos, mas o silêncio é o silêncio.

As palavras só voltam quando ele vem da cozinha com um sanduíche na mão. Senta-se no sofá e pergunta:

— O que dizem vocês?

Os dois pianos se atropelam.

— Profundo!

— Sublime e suave!

— O que aconteceu nesta viagem? Qual é o nome?

Puxando um enorme suspiro, ele diz:

— Coração — responde como se o perfume dos corpos ainda estivesse respirável no ar.

— Coração como nome de música? — voltou a perguntar o piano mais curioso.

— Não, meu caro. Pensei que perguntava o nome dela.

— Sim. Dela, da música.

— Ah! da música.

— Sim, da música.

— Sonata para... e fica pensativo.

— Sonata para um coração — atravessa o piano da esquerda, querendo completar a frase parada.

— Não, não. Sonata para uma noite de chuva de verão.

## Perfume de flor de laranjeira

O perfume delicado da florada espalha-se pela região fazendo as abelhas agitarem-se à procura do núcleo amarelado da pequena flor. O zumbido incessante e rápido deixa o observador impaciente. *Bizum, bizum* aqui, lá, acolá, por todo lado.

– Que horas são? – Os passos se repetem atrás dos passos, como alguém que se interessa de novo pelo mundo.

– Que horas são?

– Oito horas, maestro. Fique calmo. Ela nunca perdeu uma só apresentação.

– Não estou nervoso, estou calmo. Faltam ainda alguns minutos.

No entanto, os passos se aceleravam e se repetiam atrás de si mesmo, tentando descobrir a pista deixada por si próprio quando perdido na floresta. Todo ser perdido fica impaciente pela incerteza de ser encontrado ainda com vida. Mesmo sendo a floresta o jardim da sua casa, mesmo um canto do vaso do terraço, a incerteza é sempre um estranho sentimento.

Assim foi. Os minutos se passam e mais se firma a certeza de que não será uma boa noite de apresentação. O maestro traz uma visível e intensa ansiedade, como se quisesse imitar as abelhas à procura do perfume da flor de laranjeira. A orquestra se contamina e, pouco a pouco, todos se tornam participantes daquela expectativa. O enxame e de súbito, o caldeirão do diabo ferve, minuto a minuto contado e últimos cinco minutos, o segundo, o segundo e por fim o enxame está como marimbondos cutucados no cacho. Todo mundo irrequieto à entrada do palco. Ao subir a cortina, como será esta noite? – todos se perguntam. Naquele clima, a pergunta deveria ser: qual será o tamanho do desastre?

– Quanto falta?

– Mas o que aconteceu com ele?

– Por que ele está tão preocupado? Já tivemos outras apre-

sentações sem estarmos completos. Existe alguém para substituí-la? – pergunta sem resposta de alguém que procura tornar a iniciativa da calma, do razoável, do sensato.
– O que se passa na verdade? Nunca o vi tão fora de si.
Ninguém sabia que pouco antes tinha havido um curto telefonema:
– Meu marido chegou. Não vou poder tocar esta noite, temos muito para conversar.
– Não, não. Venha! Por favor, venha a qualquer custo. Não posso fazer estas passagens sem você. Venha, por favor.
Desligaram do outro lado antes do final da conversa, criando o clima para a expectativa.
Forma-se aí um jogo entre o sim e o não. De um lado são duas paixões inconfundíveis, presentes, precisando fortemente do ar para respirar. No entanto, do outro está o formal, indissolúvel, harmonizado pelo tempo, pelo costume, o certo formal perante o possível e profundo erro. Todos sempre querem seguir o caminho certo, pague-se o preço que for, é preciso andar certo. Todos, ou quase todos, sempre, ou quase sempre, precisam estar certos, ou quase certos, e confiantes, ou quase confiantes.
Uma apelação última de um dos lados para sucumbir à neutralidade desculpável. O casamento é excelente desculpa, que reafirma tudo e neutraliza a monotonia do nada. Tão forte e tão firme. E o outro lado, a que apelo recorrerá? Senso do dever? Coragem? Amor?
Como se a resposta, a definição, tivesse alguma importância. Não, apenas um desejo comum, um desejo que se repete e serve como ponto de equilíbrio de si próprio. Não o desejo comprometido pelo passado, pelo presente ou pelo futuro. Não o desejo padronizado por obrigações, compromissos e deveres. Não o desejo que habitualmente se destrói ao se transformar em norma, a ser seguida bem ou mal. E sim algo sem explicação ou porquê. Apenas um entre infinitos desejos e deixar,

mesmo que por um minuto, deixar-se ser possuído, inteiramente e sem medo.

Retornando ao momento que se seguiu ao telefonema constatamos que as tempestades da vida são ruidosas, descontroladas, imprevisíveis. Muitas vezes as águas caem pesadas e geram enchentes, transbordam rios e deixam marcas profundas na terra. Outras vezes, porém, uma pequena chuva é mais terrível que um dilúvio. Aos poucos, os segundos transformam-se em pesadelos centenários, as reflexões buscam explicações dos motivos da vida humana. As gotas passam por frases simples e confusas:

– Não posso dizer isso a meu marido. Eu nem sei se ainda o amo. Nem sei por que me casei com ele ou por que a coisas estão como estão.

O maestro, já no palco, vê a cortina subir, pensa nas questões profundas da liberdade e da incoerência do mundo. Queremos ser livres, mas estamos presos. Queremos estar presos e estamos livres sem saber, e não aceitamos ceder à força da formalidade. A formalidade transpassa o espontâneo, a verdade, o natural e vence com uma força conservadora. Tudo sempre cede lugar à solução conservadora, pensa ele. Na verdade, existe um enorme universo gritando: *Não transcenda, não transgrida, senão, senão... Bom, todos vão condenar você.*

Pois é, o fato é que as pressões sociais são tão inexplicáveis como os sentimentos, e muitas vezes esses inexplicáveis colidem e se digladiam, se confundem e confundem.

O maestro, no refúgio do camarim, abre o dicionário para ver se ali existe a palavra felicidade ou se foi apenas imaginação dele; se ele é maluco, na contramão do mundo. Se tudo isso não é apenas um ato impensado de um sonhador despencando do real.

Felga...

Felgueira...

Felica...

Felícia...
Felicidade..., s. f. (lat. felicitate) Estado de quem é feliz: *A felicidade perfeita não é deste mundo.* Acontecimento próspero. Acaso favorável: *Foi uma felicidade que o tivéssemos ouvido gritar.* Ventura, alegria, encantamento. Beatitude. Boa fortuna. Felicidade eterna, a bem-aventurança celeste.

Volta à frase: *A felicidade perfeita não é deste mundo.* Corre uma pequena lágrima e percebe que foi mais longe do que tinha imaginado. Parece solitário para si mesmo.

– Maestro, vamos. Não podemos retardar mais.

O início faz ouvir uma voz no fundo do camarim.

– Estou indo, estou indo. Como se fosse memória do passado de frases que tinha acabado de viver.

Baixa a cabeça, procura a mágica da concentração para reger, mas não encontra, sai, vai até o palco para ver o que acontecerá, quão grande poderá ser o desastre. Pelo caminho, pergunta a si próprio como pode ele estar tão confuso. Hesita, vacila. Respira e resolve continuar.

Atravessa as cortinas, ouve os aplausos como se fossem de longe e sem nenhum entusiasmo.

Apresenta com um rápido gesto a orquestra e, súbita e sutilmente, como uma varinha mágica impossível, um largo sorriso irrompe. Possuído de alegria, o desejo vence a regra e contempla felicidade momentânea. Instantaneamente, a tranquilidade percorre os músicos e o primeiro comando mostra que aquela noite será brilhante como nunca. Inexplicável, lá está ela ainda suada, ainda nervosa, chegada meio à pressa, com sabor de alguém que não vinha e de repente apareceu.

Por duas horas, em nenhum momento ele tira os olhos daquele violino. Acompanha de suspiro em suspiro cada movimento daqueles dedos. A orquestra toda sente as variações, do terno ao violento, instável, mas espetacular, maior do que nunca. Os comandos precisos, grandiosos, emocionados, o prazer incomum em cada um dos sons, como se, depois de todos aqueles anos, sentisse novamente a euforia de uma estréia de sucesso.

O espetáculo termina e o público vem abaixo em esfuziante aplauso, contagiando a tudo e a todos. O maestro desce rápido, correndo, mesmo tropeçando, para abraçar, apertar, beijar, sabe-se lá o quê. No entanto, o desejo mágico e repentino dá lugar ao convencional, ao racional, ao limite do óbvio.

A decepção interrompe a intenção, grande demais para dissimular. O público delirante pede bis, aplaude por minutos intermináveis. O maestro não retorna. A orquestra de pé também aplaude, sem saber se deve sair ou permanecer. Depois de muita insistência, sem se deixar vencer, o público tenta um último recurso, indo aos gritos. Nada, o herói não volta à cena da vitória. O herói é um perdedor.

— Senhoras e senhores, um minuto de vossa preciosa atenção. Lamentamos informar que dada a emocionante apresentação desta magnífica noite, o maestro sofreu um pequeno mal súbito e os médicos recomendaram sua rápida remoção. Embora não se trate de nada grave, os médicos preferiram se precaver.

Um silêncio questionador desaba sobre a platéia, corre um desencontro de porquês e de questões sem respostas. O certo é que se desfez o perfume de flor de laranjeira, que as imaginações mais sensíveis, porém, podem ainda sentir. Quando ele desceu, ela, mais rápida, já havia se retirado, deixando apenas um pequeno e curto bilhete de adeus.

## When a man loves a woman, all stars are shinning

A normalidade é insípida. Como a água da fonte, onde calor e suor se misturam e a sede é refrescada. É suficiente.

A normalidade é insípida, a loucura impensável. Normal ter medo da loucura. No entanto, deixar-se levar pela loucura é tão prazeroso que se torna proibido. É a partir daí que se dá o próximo passo nesta nossa história.

A brisa esvoaça suave, límpida, junto com os pensamentos, onde o real se confunde com o imaginário, onde o sentimento não passa de um ato impensado do desejo do ser de ser.

A brisa embriaga a respiração profunda, que absorve o oxigênio como pequeno veneno da natureza e vai mergulhando em reflexões sobre reflexões.

Lá fora, impassível ante a presença insignificante do mundo, está a noite soberana. A noite que, nos campos, promete estrelas, vaga-lumes, ruídos de sapos e rãs nos charcos. A noite que, nas cidades, cria música nos bares e boêmios.

– E por quê? – pergunta o maestro a si mesmo.

– Por quê? – na verdade berra ele para si mesmo.

– Por quê? Por que tudo isto passa imperceptível? Por que a festa mal começou e os convidados já se foram? Por que nesta imensa alegria, eu, eu...?

Arruma-se e sai pelos caminhos do sem destino. A compartilhar as reflexões e a confusão do prazer. Os boêmios são assim: na noite, tristeza e felicidade se confundem. A noite a todos embala no seu conforto.

Poucos passos além de casa, encontra uma floricultura e entra.

– Hum... Vejamos, ah, sim! Por favor, duas dúzias de rosas. As mais encorpadas e espontâneas que a senhora tiver. Sabe, as flores precisam ser espontâneas.

Fica ele durante alguns segundos na sua interpretação, até que a senhora vem com o grande buquê de rosas.

– Esplêndido! Sim, muito bom.

Nisto, um pequeno senão. A quem mandá-las? Não era bem assim. Não podia simplesmente enviá-las, e pronto.

– O senhor quer um cartão?

– Sim... não... bem... quatro cartões, mais exatamente.
– Quatro cartões.
– A senhora me põe mais duas e meia dúzias de rosas. Lembre-se: as mais espontâneas.
As quatro encomendas foram para pessoas amigas. Todas com a mesma frase: *A felicidade é apenas um ato de ser feliz, nada mais. Simplesmente isto.*
– Obrigado, senhora.
– Volte sempre. O senhor é muito simpático.
Ele se vai, nem mesmo sabe para onde, talvez nem mesmo por quê. Nesse momento, porém, não precisa saber.

Caminhou o mundo e todos os sonhos, lembrando-se da frase escrita na capa de um disco que ganhara havia muitos anos e que sempre lhe dera muito prazer, tanto prazer quanto sentia agora. *When a man loves a woman, all stars are shinning.*
– Ela é formidável – dizia ele para um conhecido qualquer, já se sentindo mais para lá do que para cá, não exatamente bêbado mas ligeiramente embriagado.
Não sabe também nem quando, nem como, mas a certa hora da madrugada estava em casa. Queria muito, mas muito mesmo, chegar em casa. Precisava fortemente chegar. Chegou. Mergulhou entre os dois pianos e foi tocando, tocando, tocando. Cada vez mais e mais profundo e muito, muito, mais e mais, ainda sentindo desesperadamente a presença dela e a satisfação que ela lhe transmitia. Tocava e tocava, compartilhando uma orgia musical com os dois pianos, trocando gestos e olhares, olhos nos olhos, gestos nos gestos e caminhos do mundo de maneira inexplicável, bêbados, ele e os dois pianos. Bêbados e tresloucados, nas suas expressões. O mundo virado de cabeça para baixo, nem o chegar da aurora seria suficiente para conter aquela explosão. Tocaram nos limites dos possíveis sentimentos sem se dar conta do tempo. Simplesmente sentiam que deviam ir além, e iam além.

Foi assim. Exatamente assim. Ultrapassaram a tênue linha do limite. Ali, onde poucos ousaram, onde raros viveram. Naquele exato, justo, infinito instante, o maestro virou música. Sonata para uma noite de chuva de verão.

Como? Não sei. Existem fatos que apenas alguns poucos compreendem e acreditam. Então, por que insistir nas explicações e nos detalhes? O fato é que o maestro, no embolado da paixão, virou música e vive por aí como música, como poucos podem imaginar, muito menos viver. Como música, na magia da vida de ser música.

Bem, talvez vocês não acreditem. Mas tomem um pouquinho, mas um pouquinho só dos seus desejos e experimentem, experimentem de verdade o sabor desses desejos. Assim poderão ter uma vaga idéia do que aconteceu. É só o que posso dizer, nada mais, nada mais do que uma sonata para uma noite de chuva de verão.

# O olho azul do cachorro

Era um sábado de manhã, em que a preguiça é uma daquelas qualidades essenciais. Fazia calor, o sol se espalhava saboroso e quente sobre a paisagem. Acordara cedo e tão quente que parecia não ter se refrescado na brisa suave da noite estrelada. Que noite! Que maravilha de noite!

No entanto, eram nove horas, plena madrugada para um amante da noite como eu, que mal chegara em casa, cruzando no portão com o entregador de jornal, com o padeiro, o leiteiro. Eram nove horas e o telefone tocou.

O telefone parecia mais um despertador nos seus ouvidos, destes que tocam o mais alto possível nas segundas-feiras cedo. Tocam mais forte, mais ruidosos e mais insistentes. *Vai trabalhar! Vai trabalhar! Trabalhar, vai, vaaai, vai, condenado a trabalhar!* Não poderia ser o despertador, era um sábado. Sim, era o telefone, cruel telefone.

A madrugada de sexta tinha sido longa, alegre, sublime. Os seus sons ainda embalavam o sonho. O sorriso tinha rolado nos lábios da negrada, no Clube da Cidade, até o amanhecer. Nele, a parte que me coube desta alegria dançante. Meus negros olhos ainda brilham por causa do encanto daquela mulher. Linda! Magneticamente linda. Uma estrela negra brilhando no céu zulu da noite, atraindo todos os pequenos cometas, como eu, que passassem por perto. Meio encantado, meio perdido, assisti à simplicidade daquele desfile. Leve, educada, de andar tranqüilo, ia e vinha, parava, dançava. Não estava comigo, não ficaria comigo, parecia bem acompanhada, pertencia à roda ao lado, apenas e tão-somente iluminava a minha noite com a sua negra presença. Eu estava na platéia, como muitos dos incógnitos que acompanham o espetáculo do astro e aplaudem, aplaudem, aplaudem.

Os sonhos iam pela imaginação daquele traço brilhante de mulher, cujos dedos longos eu adoraria tocar. Na minha fantasia já havia um raio de luz entre os meus dedos e os dela, cruzando o ar em direção à magia do primeiro toque. E quando do toque... Ah... Respirando fundo, profundo toque, tocou o telefone.

Meio perdido entre um e outro tropeço, no fone a voz distante, lacônica: *Você tinha razão, você estava certo. Desculpe-me, o previsto infelizmente aconteceu.*

Penso que foi mais ou menos isto que ouvi, pelo menos o semiconsciente retido, súbito, imediato. Ficou o fundo vazio da linha desconectada. Restou a lentidão da mente e a necessidade do corpo de retomada rápida da consciência plena. Sinto o frio do chão, percebo estar descalço sobre as lajotas, as idéias se reordenando, as frases se repetindo mais depressa no pensamento. Passam a fazer sentido assim que a voz se encaixa numa identificação primeira.

Alguns passos, os chinelos, um copo com água e o corpo se alarga sobre a poltrona de couro. Se eu tinha razão então o pior aconteceu. Como será que foi? Com quem foi? O que realmente ocorreu? A agenda. A consciência total, rápida, esperta, desperta, procura a agenda. Em seguida já ultrapasso a falta de agenda, agora a pressa pede apenas uma complementação de informação. Bem, não foi nada, mas é muito grave. Vamos ver, eu explico. São destas coisas de Brasil mulato.

Aqui o detalhe faz a história, explica tudo, o detalhe é ruidoso, ilustra a situação e esclarece a fantasia. Fantasia maluca esta nossa. No detalhe está o conteúdo, todo o enredo que geralmente deixamos de observar. Perdemos o gosto pelo detalhe, ficamos na massa bruta, no movimento de cabeça, igual à propaganda de xampu. Esquecemos que no tudo e no todo o detalhe faz a diferença, torna particular, especial, transforma a essência em outra essência mais suave.

É como dar flores sem uma cor especial ou sem um cartão determinado. Ou então, é como comer camarão sem tempero, ou que o tempero não tenha a tonalidade da salsa, do azeite, o apurado de pimenta. Pior ainda, quando o plástico do paladar enche de ketchup e maionese. O detalhe é a fonte do julgamento da situação.

Esse telefonema foi curto, rico em detalhes, não explicitados nas frases curtas. Tudo começou quando, em meados do ano passado, um quase amigo, o Carlos, lá do escritório, me ligou. Muito entusiasmado, dizia ele que tinha ganhado um cachorro e que, com urgência, precisava emprestado um dos meus dicionários de inglês. Um dicionário, pois o cãozinho só entendia inglês, ele não.

Fiquei surpreso. Carlos nunca foi dos mais pacientes, muito menos me parecia dedicado. Toda conversa longa, um pouco mais longa, um pouco mais detalhada, o irritava. Tudo que era conversado, e ele não entendia do assunto, era demais. Ele ficava nervoso, e corria-se o risco de um corte mal-educado. No entanto, para surpresa minha, estava ele preocupado em entender o cachorro. Descreveu o que era, para ele, uma maravilha de animal: *Enorme, dócil, meigo, parecia um tapete peludo esparramado no meio da sala.*

Para mim, pela descrição, pelos detalhes, o cão devia ter a cara destes apavorantes lobos cinzentos. De olhos azuis arregalados, dá medo passar por perto, porque sempre parece, mesmo que o dono diga que não, preparado e desesperado para dar a bocada fatal. Não precisa ter mais medo, ele não morde, geralmente dizem os donos com entonação de campainha de porta de asilo. Eu ouvia a descrição e ficava imaginando a cena. Não precisa ter medo, ele não morde.

Eu sou muito antigo, prefiro o convívio humano ao animal, coisa de cachorro, para mim, é lá no fundo do quintal. Na verdade, prefiro não tê-los. São um luxo que fere a realidade contrastante de pobreza em que vivem os humanos a cada esquina do meu bairro. Estes, são quase como degraus vivos das escadarias, cada vez mais pobres, a cada suspiro inteligente desses nossos desgovernantes. E os cães mais chiques.

Cão está na moda, nas revistas, na televisão. São as regras orquestradas do consumo. Futilidades que invadem a pobreza de consciência da classe média. Tornou-se uma necessidade sentimental de *status* social. Não era de reparar nas motivações do entusiasmo do quase amigo Carlos. Ele me assegurava que o cão era uma verdadeira maravilha e eu não acreditava.

Ah, mas tinha mais um rico detalhe, além do dote lingüístico – aquele de entender apenas inglês –, o animal de olhos azuis era treinado para reconhecer ladrões. Aí virava uma fera e dava conta deles. Eu arrematei então: o belo morde? *Morde! Mas apenas bandidos.* Terminei e disse que viesse buscar os dicionários e que fizesse bom proveito.

Como o assunto se estendeu no dia seguinte no escritório, tive de questionar. Questionei, em vão, como pode um cão diferenciar um assaltante do não-assaltante sem que o crime esteja em curso? Que pelo menos o crime tenha ocorrido e deixado algum rastro.

A imagem do cão e seu preparo eram ressaltados, parecia-me que a hipótese mais viável era de o cão ser mais dotado que a platéia que o admirava. As argumentações eram incríveis, melhor dizendo, o treinamento do cão. Eu já havia emprestado os dicionários e me negava a prestar uma visita social ao cachorro, coisa que me tornava hostil, no curso das semanas, aos colegas de trabalho. Visitar cachorro, não.

Durante uma das intermináveis conversas sobre cachorros, livros sobre cachorros, comidas de cachorro, psicologia de cachorro, uma cachorrada, aprendi que o cão havia sido treinado para a polícia paulista. Que na polícia tinha ganhado medalhas pelos serviços prestados, mas precisou ser aposentado por ter sido baleado numa das ações. Agora temiam pela coragem do animal e este não servia mais, não servia, pelo menos, para ser polícia.

Decorreu o tempo, foram notórios os avanços feitos por Carlos na língua inglesa. Do dicionário emprestado foi para um curso intensivo, vieram fitas e os cursos audiovisuais pelo videocassete. Mesmo uma namorada nativa, que ensinava numa dessas escolas que tomam instrutores aventureiros e desesperados, desses que passam as férias num país exótico, apareceu.

O cão estava sendo de grande valia, além da segurança que representava. Tudo muito bem, até que o nosso *office-boy*, aquele que todos no trabalho, exceto eu, insistem em chamar de Neguinho, cujo nome é Kledison e ninguém sabe, nem quase ele mesmo, pois responde melhor por Neguinho, se apresenta como Neguinho e é adorado como Neguinho – bem, não vem ao caso agora –, Kledison foi fazer a entrega de um texto para o Carlos em sua casa e foi atacado pelo cão. Não chegou a machucar. Bem, não exatamente. Machucou um pouco, mas Neguinho está bem, sem problemas, o cão é vacinado. Quase ficou por isso mesmo. Ficaria na gozação... naquela conversa de que o Neguinho quase ficou branco, não tivesse sido revelado que o cão avançara sobre outras pessoas antes.

Fui taxativo: este cão é um perigo, foi treinado para atacar a nós, negros. Dêem um fim neste cão! Como sempre, eu estava sendo demasiado intransigente. Disseram que eu fazia racismo às avessas com o cachorro. Era só manter o cão fechado.

*Por que matar um cão tão belo, com olhos azuis tão lindos?* Além disso os assaltos na região tinham aumentado.

*O cão não vê, é cego, ataca qualquer negro e vocês não vão assumir isto.* Foi só o que me deixaram falar. A história ficou no deixa-disso, no esquecimento, na prática brasileira de desprezar o que não interessa, naquelas coisas de não descer ao detalhe. Se o Neguinho fosse lá outra vez, era só prender o cão.

*Te cuida, Kledison, sai desta, Neguinho,* foram estes meus pensamentos e foi esta minha frase última de vencido pela maioria.

Este cão é uma ameaça racista. Típico da polícia brasileira, nos seus estereótipos de treinamento. Este cão precisa de um fim.

Não houve tal fim. Ganhou admiradores no escritório, pelos olhos azuis enormes, pelo detalhe de entender apenas inglês. Alguns sonhavam com o luxo de ter um cão de olhos azuis que entendia inglês.

Hoje aconteceu: o cão escapou e arrebentou um garoto. Se não fosse a astúcia de um espectador casual, que botou o seu veículo sobre o cachorro, em face da cena de horror e medo dos demais, teria sido fatal.

O menino do vizinho, que todos nem consideravam negro, foi a vítima. *Qual vizinho?* – perguntava uma das senhoras, procurando apreender o alvoroço do movimento não usual da rua. Dadas as explicações, ela entendeu: *Ah, já sei, o cearense.* Este mesmo.

O detalhe é a personagem central da nossa história, ponta pedagógica da compreensão dos nossos diálogos cotidianos. Detalhe que fica como instrutor privilegiado da escolarização não compreendida das nossas cenas diárias. Sem percebermos, o imperceptível, apenas na superfície dos fatos, o racismo é inexistente. Não mata, apenas encaminha, quem mata é Deus.

# A morte do cachorro louco

Tinha caído a chuva de verão que perfuma o amanhecer. Os olhos negros de minha mãe mal tinham examinado o brilho do sol e tomado ciência da calma do quintal florido, facilmente observável da janela que se escancarava dos quartos, quando o inusitado rompe rua abaixo. É um bairro de ruas simples, de casas bem perfiladas e pouco comércio, poucos automóveis e caminhões, onde por vezes se somava ao alarido das crianças a buzina da carroça de um vendedor ou outro. Novidade, novidade, aconteceu a novidade cuja propaganda deixa a divulgação por conta da turba da garotada. A serpente informativa flui rápida, sem direção definida, tomando formas, tendo um único propósito: deixar todos os espaços informados. Inconformada, reparte-se em ramos, vai pelas vielas, passa pelos portões, toma o interior das casas, produz a curiosidade em sair ao portão para ver o que a vizinha sabe ou saber se ela ainda não sabe. O rápido segue em frente, o lento menos caótico pára e infiltra-se além do portão, convocando novos voluntários para a ação conjunta.

Ao som dos gritos seguiu-se o bater do meu portão e o sapateado dos meus amigos acorrendo à janela do meu quarto de estudos. Já estava curioso, pois via que a anormalidade tinha feito barulho nos quintais vizinhos e não no meu. Resfolegante, fiquei sabendo a novidade:

– Mataram, mataram o cachorro louco! Vamos lá ver. Está na esquina da rua de baixo. Ele está lá, vamos!

O brilho dos olhos predizia a importância do fato. A rapidez entre o aprontar e o estar saindo em disparada comunicava que as mesmices do lento matinal, dos bom-dias e dos como-vais, tinham sido rompidas e abolidas pela pressa do novo. Havia novidade que mexia e dava aparente vida nova à monotonia cotidiana e corriqueira. Se observássemos, veríamos que ali tudo é sempre novo e todo novo é sempre igual a todos os novos que já aconteceram e que vão acontecer. Mas não há tempo nem espaço para observações e a reflexão deve ser atropelada pela prática.

O cachorro que nos últimos três dias tinha sido a única notícia, motivo de pavor, incerteza e clausura de alguns pelos cuidados dos pais. A criatura descrita como salivante, de cauda baixa, vagando e mordendo todos que podiam encontrar no caminho, mas que procurado, desaparecia como obra da mitológica facção dos procurados, foi felizmente abatido.

Corri a botar o sapato e apressar-me para estar no centro das coisas importantes. Ouvia-se nos comentários entre as janelas e a rua, nas vozes altas e preocupadas, que não tinha sido obra dos homens da carrocinha da prefeitura. Falava-se de um e do outro lado da rua, e de quintal para quintal, o fato tinha um herói. Do lado de lá do muro, ouvi a vizinha que chamava pela minha mãe para ser portadora da novidade. Diria-se, através de toda a semana, que a carrocinha não fez nada; que a prefeitura está sempre recolhendo os cachorros vadios quando não precisa, levando-os para a fábrica de sabão e quando precisava, não aparecia. Não deixariam de lembrar da dona Maria, do seu Antônio, que teve de ir lá buscar o Fiel. Ele não é cachorro vadio, abandonado, tem dono e tem coleira, a carrocinha nem isso viu. Foi esta a novidade de um outro dia distante, na seqüência dos fatos merecedores de destaque no bairro, anterior à chegada do circo e do piquenique em Santos. Os gritos se fizeram ouvir mais fortes que os latidos e ganidos do animal:

– Dona Maria, corra, corra, laçaram o Fiel e o estão levando para a carrocinha!

Apesar do barulho, dos pedidos e dos protestos, lá se fora o Fiel, triste, dentro do engradado, puxado por um elegante cavalo e administrado por dois impassíveis laçadores, que imponentes e triunfantes tomavam o banco da carroça:

– Nós temos ordens de retirar todos os cachorros soltos pela rua.

– Pobre mulher! – lamentava quem além de ter ido buscar o Fiel, teve que voltar a pé, pois chofer nenhum aceitava transportar um cachorro no seu carro.

O bairro termina no córrego, as ruas têm pouco asfaltamento, apenas a rua acima da nossa, a central, leva calçamento de paralelepípedo. Nela, desce de hora, ou hora e pouco, o ônibus da Companhia Municipal de Transportes Coletivos, a CMTC. A carrocinha usa passar por ali, é um veículo enlatado e gradeado, semelhante ao da polícia – só que o da polícia é a motor – e se empurram os cães da mesma forma desajeitada como se empurram os presos quando há greve na fábrica de papelão. No bairro, do outro lado do riozinho, muita gente trabalha na fábrica de papelão do Ipiranga e deste lado do rio não, as pessoas trabalham no centro da cidade, muitas no comércio. Meu pai trabalha na repartição pública como desenhista, por isso sai mais tarde de casa e estava lendo os jornais antes de ir ao trabalho quando eu, num oi rápido pretendia, como já disse antes, fazer parte da novidade, vibrar e verificar tudo com testemunho participante.

— Oi, oi, aonde você vai com tanta pressa?

— Mataram o cachorro louco! Dizem que foi o seu João do gás. Ele matou a paulada — respondi num fôlego e tomei outro para abrir a porta e o pé já ia soleira afora quando foi interrompido nas intenções por outra pergunta:

— Vai fazer o quê?

— Ver o cachorro louco morto.

Enquanto a impaciência me corroía com as questões do óbvio de meu pai, lá fora, as informações fluíam acrescentando dados importantes para o conhecimento do fato.

— Seu João, bravo homem, não é mole como o João da Ritinha que deixou o cachorro morder a mulher e fugir. Seu João sim, pegou a vassoura e deu cabo do cachorro. Matou a vassouradas.

Será cantado como herói nas falas e nos comentários de semanas e semanas. O tamanho do cão e o perigo, sua raiva, irão aumentando a cada conversa. Amanhã já nem parecerá, pelas descrições, um cão vira-lata, mas com um amaldiçoado e temido leão. Os detalhes serão repetidos à exaustão, e o herói perderá a conta das incontáveis vezes que o ocorrido será renarrado. Haverá de se exibir para uma centena de curiosos do bairro. Quem dirá, nestas alturas, que a televisão que nós ainda não temos lá, repetirá, no futuro, a fórmula do seu João, narrando histórias insólitas e sem importância, com fausto, heroísmo e glória?

Sem afastar os olhos da página do jornal, como fazendo um pequeno parêntese entre linhas, vem a sonora e insuportável negativa do meu pai:

— Não há nada a ser visto na triste cena de um cachorro morto a pauladas.

Como muito obediente, fui tomado de uma enorme tristeza, parecia que algo de trágico havia ocorrido. Já tinha dado

meia-volta em direção ao quarto, quando, de súbito, veio a idéia de argumentar e demovê-lo do não:
— Mas estão todos indo ver. Todo mundo está indo, e eu.....
— Sim, exato, às vezes é importante ser todo mundo. Outras, o mais importante é não sê-lo. Já disse, não há nada a ser visto num cachorro louco morto.

Naquele dia, me senti o último do bairro. Não havia visto o cachorro morto na esquina de baixo, não tinha assunto para ilustrar os meus próprios comentários, perdera o fato principal da semana.

A tristeza teve ali mesmo um meio de atenuação. Interrompida a caminho de me atirar em desespero sobre a cama, tropeçou e não pode se desviar do olhar amigo de minha mãe.
— Vamos, dê um sorriso para mim — disse ela procurando tocar-me o rosto.

Sem desautorizar meu pai, foi conivente com a minha tristeza e insistiu em dissipá-la. Repetiu ainda mais doce e mais suave:
— Dê — um sorriso para mim, meu negro preto lindo.

O tempo passa, o tempo faz pensar, e quando pensamos nós nos descobrimos nas nossas memórias. Hoje, mais de quarenta anos passados, sinto-me feliz de não ter aprendido a ir ver cachorros mortos. Sinto orgulho em não ter ido ver o cachorro louco morto, embora seja forçado diariamente a ver muito cachorro louco vivo. A carrocinha que não passa. E os arautos da novidade que insistem em noticiar cachorros loucos mortos. São coisas que nem todos os negros vêem e nem todos são obrigados a ver, mas que está difícil não se passar em cada esquina. Então, por isto, vou ao baile da negrada que não tem cachorros loucos babando.

# A roda Bantu

Na idade da magia e dos imortais, os sábios de todo o mundo foram convidados para um grande encontro.

Na África, entre os povos Bantu, fez-se uma reunião e decidiu-se enviar as quatro mulheres sábias do Ndongo como representantes. O Ndongo era um pequeno reino na região de Angola, de muita importância pelo seu espírito de independência e liberdade.

Quando as mulheres sábias do Ndongo chegaram à grande reunião mundial, foram primeiro apreciadas pela beleza e depois pelo falar sábio, cheio de metáforas e grandes ensinamentos.

Além disso, essas sábias vieram acompanhadas de uma grande comitiva, com poetas, músicos, instrumentistas e cantores de grande qualidade artística.

A admiração que causou a delegação do Ndongo gerou muito ciúme e despeito em diversas delegações.

Essas quatro mulheres tinham um nome comum: Ginga. Bom, pelo menos foi isso que os estrangeiros entenderam. Mas não era bem assim. Cada nome diferia do outro pelo acento na entonação. As pronúncias eram: Ginga, Giinga, Gingaa e Giingaa. Nomes completamente diferentes, não havia o que confundir. Porém, para os estrangeiros, os quatro nomes pareciam iguais, ficava tudo como se fosse uma coisa só.

Ah, e as sábias africanas do Ndongo trouxeram uma roda que parecia perfeita e encantada, sobre a qual se deslocava o veículo que as transportava. Puxado por tigres domesticados, o carro parecia um veículo da imaginação, leve, rápido e elegante. Fazia parte do charme delas quando desfilavam pela cidade onde se realizava a reunião.

Os sábios de vários lugares passaram a examinar com muita admiração os detalhes daquela roda.

– Que coisa magnífica!
– Como será que foi feita?

Alguém disse:

– De ferro, recoberta de ouro, e depois foram feitos os encaixes de diamantes.

Logo o despeito falou:

– Mas os africanos não precisam de roda, portanto não deve ter sido feita na África.

E prosseguiu, dizendo que os africanos eram navegantes e pessoas do deserto que viajavam em camelos. E daí deduziu, de forma apressada, que a roda magnífica não deveria ser africana.

A Ginga mais velha explicou que a África é enorme, que tem terras diversas com terrenos e climas diversos e que existiam várias paisagens e que.... Mas parou de falar, foi interrompida pelo despeito, e viu que com a desinformação é muito difícil conversar, e muito mais difícil convencer.

E seguindo o despeito, falou a arrogância. Esta fala sempre grosso, com ar de competência e profundidade e superioridade. Fala com absoluto conhecimento, e foi logo dizendo:

– A roda é linda, mas não é perfeita, vejam, tem um defeito de fabricação.
– Ahannnn! – fez um imenso eco de admiração.
E o coro logo repetiu:
– A roda tem defeito! A roda tem defeito!
Parecia um detalhe ao qual o mestre ferreiro não dera muita importância, pois não prejudicava a elegância da carruagem, muito menos a forma perfeita da circunferência da roda.
– Mas tem defeito! – Assim puristas, despeitados e invejosos se manifestaram. E só falavam do defeito. Passaram a se especializar na descrição do defeito da roda do Ndongo. Passaram a generalizar a suposição de que seriam defeituosas todas as rodas africanas. Faltavam outros metais nobres nas ligas africanas, era o que se pensava.
Esses foram os fatos, e nada mais se comentou na reunião dos sábios em relação aos africanos que não fosse o defeito da sua roda.
Passou o tempo, mas certo dia um dos sábios resolveu perguntar à mais nova das Gingas se ela sabia por que a roda africana tinha aquele defeito.
– Defeito não – disse ela. É um detalhe da arte da metalurgia Bantu que mostra sua maestria.
Em verdade, a roda Bantu era formada de dezesseis setores, todos diferentes. Só que faltava conhecimento metalúrgico aos observadores, e eles só viram a diferença em um dos setores, e a isto chamaram "defeito da roda Bantu".

# Ver vendo

Sol de verão resplandecente sobre a areia fina, branca e quente que os pés negros têm dificuldade em tocar, e só aos sobressaltos se faz o caminho.

Cenário marítimo aberto ao longo da faixa branca e silenciosa da areia. Poucas pessoas, em trajes coloridos, vão ao fundo da água em alegre algazarra, como que tomando a bênção do oceano.

Sentado meio de lado sobre a cadeira de balanço, José Martins, entregador de jornal, escriturário, advogado, militante do movimento negro, político, senador da República. José Martins, o menino de rua do interior paulista, molecote da Barra Funda e depois, para sempre, cidadão do Jardim da Saúde. Sentado ali, observando a praia e as pessoas, sua mente passeava pelo sabor das atmosferas de Lagos, da Nigéria e da África. Cada vez que percorre essa paisagem, o jovem de sessenta e poucos anos cria vida nova, viaja nas lembranças e se enche de emoção como um vitorioso da história.

Pela primeira vez, respira o ar que sempre sonhou respirar e deita os olhos sobre terras que sempre quis ver. Enche os pulmões até o fundo, como alguém que teve constante falta de ar, falta do fresco da brisa suave, linda e problemática, deste sonho que é África.

Sonha sim, pensa que um dia um de seus avós, de um canto deste país, saíra laçado e amarrado no meio da cheia e prometera, prometera, com esta força que nos une à vida, um dia voltar. E ele voltou. Os antepassados ali presentes, felizes, emocionados pelo reencontro. Voltou como homem livre que sempre foi. Sem medo e sem fantasmas, resoluto e firme como sempre fora, ativo. Voltou como representante de uma nova nação americana, como representante do governo do seu país, às terras de suas origens africanas.

A cabeça voa longe, extremamente turbulenta e tempestuosa, quase insaciável de incertas recordações. Surge a fisionomia do avô dizendo: *Vai, menino. Segue o teu caminho. Os orixás estarão sempre contigo. Lembra-te: não abaixes a cabeça porque senão não verás o horizonte, não terás profundidade para olhar firme nos olhos dos amigos.* Viaja em sua mente nas caravelas apinhadas de caras pretas vendidas como escravos, apertados na revolta dos quilombos, libertados nas rebeldias de tantas lutas. Lembra do primeiro emprego, como vendedor de jornais na rua, nas horas de estudos, a luz fraca da casa de cômodos que lhe custara a vista. Recorda a faculdade, a tia que um dia o proibiu de abandonar os estudos. "Como ela estava brava, queria mesmo me dar uma surra! Terminou dizendo que derrotados eram aqueles que desistiam e que na casa dela não havia lugar para a derrota, que continuasse ou fosse embora e nunca mais aparecesse." Pensa no poeta, que dizia que piedade era para os fracos, que queria coisa melhor. Detém-se nas histórias do velho Isaías, sobre uma terra linda de gente laboriosa, de onde os seus tinham vindo de além-mar. Durante longos segundos, com a eternidade, fixa a imagem da mãe-de-santo que o abençoava e dizia para seguir sempre em frente, mesmo que a ponte parecesse intransponível, mesmo quando os muros do perigo se erguessem impiedosos à sua frente, seguir sempre confiante, pois fazia parte da grandeza de um povo, da recuperação do lugar perdido.

Lembra das tantas idas e vindas no movimento negro, das reuniões dos grupos distantes, da falta de condições e dos companheiros decididos afirmando que nada os faria recuar. Lembrava o dia em que decidiram que alguém, naquela sala, deveria postular candidatura num partido e romper o círculo de erros e hesitações, apresentar propostas claras, verdadeiras e um projeto de interesse geral. As caminhadas pelas cidades em campanha, a eleição, a falta de dinheiro e o apoio de toda aquela gente simples, decidida a construir uma nova realidade.

Lembra-se do dia anterior, quando o avião aterrissara no aeroporto. Como vozes do além, ouvira: *Senador, senador, a viagem terminou. Senador, a viagem nem bem começou, é apenas uma etapa, a volta à África.* Os olhos não contiveram as lágrimas e até agora, não contêm, é África! A emoção forte paira suave como rendida a um ideal. Via imensa colméia humana de milhares de cores e vozes. O zumbido das abelhas em torno da colméia quebrava o silêncio contemplativo. Um vaivém sem direção à procura do pólen. Procurar, processar e fabricar mel. Um alarido comunitário e um executar tarefas. E tudo isto deveria ter um nome, um sentido? Sentido que os olhos e as cabeças perdiam na distância dos pensamentos.

Dois dias depois, está ele metido num pequeno avião bimotor de apenas doze lugares, a pensar novamente. Os passageiros são, na sua maioria, mulheres, todas em longos vestidos, ornamentados com jóias e cordões de ouro, expressões falantes que, numa língua estranha, dão colorido enfático às palavras, como quem marca em cada frase a sua presença no mundo. Não importa não compreender o texto, importa sim sentir-se inteiramente familiarizado com o contexto, as expressões e a forma. Lembra-se do Brasil e dos traços perdidos daquelas cenas. Vê o interior das vilas, das casas, das pessoas, como que vivendo um mero resumo de lá, lá onde ele encontrara a totalidade. Compreende agora melhor a tradição das festas e da fartura que haviam pontuado a sua infância. Entende o porquê do luxo e da riqueza do carnaval, das casas de terreiro ou mesmo das pessoas de outras gerações que conhecera. É a sua primeira visita à terra de origem e tem a impressão de ali sempre ter bebido e comido no dia-a-dia.

Vinha, como representante do governo brasileiro, aos funerais de um intelectual local, de um intelectual cujo nome passava para a história como símbolo de questionamento. Vinha pela primeira vez à África numa das poucas vezes em que o Brasil se descobria negro e dava peso à causa negra internacional. Com a gravata a apertar-lhe o pescoço, trazia na mala um terno preto do melhor tecido, sapatos de couro, prendedor de gravata etc. etc... Estava preparado para um funeral em alto estilo, com representantes distintos dos quatro cantos do mundo. Pensava ele na responsabilidade da tarefa de representar milhões e milhões de pessoas que nunca ouviram falar, de maneira séria, de África, Nigéria, Oyo, ou das terras dos yorubás, dos aussás, dos íbos. Que nunca souberam da existência de impérios no passado, de povos e de nações. "A escravidão não foi nada comparada à repressão intelectual que vivemos no presente", pensa ele consigo mesmo, pontuando o pensamento: "Certamente, agora estão logrando o êxito da caçada e impondo o jugo da dominação, pois nos fragmentam e nos fazem esquecer de nós mesmos". Passa-lhe uma triste e incrível sensação de frio, como se uma gélida mão branca estivesse sendo posta sobre as suas idéias. Tem, pela primeira vez, a sensação do frio da navalha a lhe cortar a garganta e descobre, no meio de um pesadelo, a sensação única de poder se tornar, no futuro, escravizado de livre e espontânea vontade. Faz força para acordar e percebe, felizmente, que o genocídio não passou de uma breve visão irreal. Visualiza, nos relâmpagos das imagens do filme malpassado, o retrato do inimigo. Ele não era branco, como muitos poderiam pensar. Tinha a cara preta comprada a dólar, a mente sem nenhum ideal nem bandeira, um simples fascínio que acabaria por matar. E ele, morto como marionete sem fios, exposto em teatro natural.

– Bom dia, mister senador, representante do povo brasileiro. Muita satisfação em conhecê-lo. Li alguns de seus discursos sobre a questão do racismo nos países não-alinhados.

O senador interrompe o movimento da xícara de café, põe rapidamente o guardanapo sobre a mesa e de pé, meio desajeitado dentro do ternão preto transpassado, estica a mão e responde:

– Prazer em conhecê-la. Sente-se.

– Meu nome é doutora Igho, professora de história africana. A Universidade me pediu para acompanhá-lo e conduzi-lo durante os funerais do Chefe. Chefe é um título de respeito dado às personalidades relevantes do local.

A figura encantadora e meiga da professora, no colorido exuberante do traje africano, preenche o espaço e põe-se a dissertar sobre os diversos aspectos do caminho, das pessoas, dos costumes, da importância do falecido, da realidade política local e tudo mais. O senador não perde uma única palavra, como um aluno participante e atento à lição. Apesar do longo e congestionado caminho, o tempo desliza rapidamente, como um sopro forte numa bolha de sabão no espaço. A conversa animada mantém a informalidade que já sentia com a terra. Ela fala de tudo, daqui e dali, fala de passagem da sua estada no Brasil, de um velho amigo que sempre vinha de visita à Nigéria. Ao se referir a ele, diz: *Que Deus o abençoe!* – em tom de profunda amizade. O senador observa uma outra faceta do catolicismo, dentro da diversidade de outras culturas. Quando se olha de longe, a África é uma só civilização. De perto, são mil e um fascínios de uma epopéia humana sobre diferentes torrões de terra. Parece uma incrível caravana indo de norte a sul a caminho de um reino de fantasia e de realidade, de inventiva realidade fantástica produzida pela palavra da boca preta.

O carro começa a atravessar uma grande festa, que lembra o Dia de Todos os Santos, na Bahia, e subitamente pára: *Chegamos. É aqui a casa de Sua Excelência, o Chefe.* O viajante se detém, atônito, sem compreender exatamente o que se passa. A porta do carro é aberta do lado de fora por um mordomo de luvas e farda, que se confundiria com um general. Em meio à música, sem tempo para receber explicações, passa a ser cumprimentado pelas pessoas. Existe um grande clima de festa. Dra. Igho, como representante diplomática, vai à frente mostrando o caminho e fazendo as apresentações. Existe uma reverência especial em certas falas e em certos apertos de mão, por se tratar de alguém dos seus que vive no Brasil. Como disse um dos presentes: *A maior porção do nosso povo que vive do outro lado do oceano.* Era assim, em simples palavras que alguém definiu o Brasil: a segunda maior nação negra do mundo. Por fim, meia hora depois de ter entrado, de percorrer vários corredores e varandas de uma casa enorme, cheia de vida, de festas e de comida, ele está diante de duas esposas do Chefe. Duas mulheres ativas, preciosas, vestidas em trajes muito elaborados, num tom solene guardam a porta da sala, que, por falta de melhor termo, vamos chamar de fúnebre. Introduzido na sala esmeradamente decorada, lá está o corpo e nada daquilo parece um funeral. Era festivo demais para lembrar um enterro. O terno preto do senador guarda a esta altura um cheiro de ranço colonizado. Ele sente, mais forte a cada momento, o odor de naftalina dos séculos que ficara guardado no armário. As fisionomias são estranhas: a do morto, de tranqüilidade; a do senador, de surpresa; a dos presentes, de majestades culturais.

O senador se livra da surpresa e agora se assemelha a criança diante da vitrine de doces, dos carros no parque de diversão; depois, adota a maturidade de um aprendiz diante da arte de viver que se lhe apresenta como nova, apesar dos seus sessenta e poucos anos. É tão diferente, mas é igual. À parte de ser um funeral, a festa tem a mesma cara, o mesmo ritmo de vozes e expressões; mas ao mesmo tempo é tão diferente que lhe dá imensa vontade de penetrar na magia daquela vida e se redescobrir também mágico. As ruas, o povo, as feiras, o urbano desorganizado, as cores de um presépio carnavalesco vão ficando na distância e se fixando nas novas imagens de quem fez o caminho de volta. Não tem palavras. Tenta pensar em como vai contar o que sentiu, não apenas o que viu. Percebe que não sabe. Se todos aqueles que no Brasil vivem, como parte de um povo de dignidade roubada, vissem o que eu vi, amanhã teríamos uma imensa revolução nesse país. Todas as bocas pretas têm fome, mas não é de comida apenas. É o direito de vida que nos estão roubando, pensava o senador. Dizer o que à imprensa, aos amigos, ao povo? Como dizer e ser compreendido num quadro onde as imagens são inexistentes e pálidas? Vendo as coisas deste lado do oceano, percebe que não existem espelhos, nem mesmo representações do imaginário. No espelho quebrado, as imagens do dia-a-dia são todas embranquecidas e esqueléticas em seu histórico. "Não vemos a nossa cara" – murmura. Daí o sorriso, a descoberta, um passo de alegria em cada sorriso, em cada problema, em cada pessoa. Sorriso porque descobre a própria cara na multidão. Fica encantado, por um instante, com a própria face, com a própria beleza, daí ficar rindo sozinho.

Os pensamentos já seguem os passos através dos corredores do novo aeroporto de Brasília. Chegando ao saguão, uma pequena massa humana composta de amigos o aguarda para sentir um pouco daquela emoção. A imprensa tinha coberto parte do funeral e publicado partes de entrevistas etc. etc. etc. mas de maneira tímida, pela falta do hábito de reconhecer a existência e a importância.

Do meio do grupo e dos fotógrafos, surge a cara do inimigo de arma na mão. Pânico, tiros, suspense...

Uma enorme gargalhada, nenhum sangue, nenhuma escoriação. *Eles ainda pensam que uma arma na mão pode matar um africano como eu.* A comitiva de repente virou notícia e os repórteres começam a se acotovelar.

– Senador, senador, quem o senhor pensa que planejou o atentado?

– Que atentado? – pergunta ele.

– Senador, o que é a África?

As palavras saltam desordenadas ao longo do caminho e dos passos e apressados pela situação incomum.

– Senador, senador, quem são vocês?

– Nós somos nós, e ninguém vai nos compreender porque ninguém vai sentir o que sentimos. Às vezes é impossível explicar ou fazer alguém compreender o que se passa. Isto é ótimo quando ninguém atrapalha. Isto é ótimo quando não temos de dar explicações a ninguém. Só tenho a dizer que nós somos nós, aquilo que nunca vimos.

Impresso por: